注册金融分析师(CFA)考试指导用书 之二

破解 CFA

组合管理和职业伦理

林晨雷 著

中国财政经济出版社

图书在版编目（CIP）数据

破解CFA组合管理和职业伦理/林晨雷著．—北京：中国财政经济出版社，2011.11

注册金融分析师（CFA）考试指导用书 之二

ISBN 978-7-5095-3086-3

Ⅰ.①破… Ⅱ.①林… Ⅲ.①金融-分析-资格考试-自学参考资料 ②金融-工作-职业伦理-资格考试-自学参考资料 Ⅳ.①F83

中国版本图书馆CIP数据核字(2011)第182852号

责任编辑：卢关平　　责任校对：王　英

封面设计：朱　江　　版式设计：董生平

中国财政经济出版社出版

URL：http：//www.cfeph.cn

E-mail：cfeph@cfeph.cn

社址：北京市海淀区阜成路甲28号　邮政编码：100142

营销中心电话：88190406　北京财经书店电话：64033436　84041336

北京中兴印刷有限公司印刷　各地新华书店经销

787×960毫米　16开　8印张　102 000字

2012年1月第1版　2012年1月北京第1次印刷

印数：1—3 000　定价：38.00元

ISBN 978-7-5095-3086-3/F·2616

（图书出现印装问题，本社负责调换）

质量投诉电话：010-88190744

总 序

自2004年主讲注册金融分析师（CFA）考前培训课程以来，已经度过七个春秋。尤记得当年CFA培训远无今日的盛况，第一次开班正好只有10名学员。那时的学生并无如今对CFA学习的狂热态度，即使在金融专业的学生中，了解CFA的也不多。培训机构只有两家，且都在为招生而头痛不已。七年后的今天，恍如隔世，大陆每年参加CFA考试的考生就多达2万人。在上海世贸商城考点，整层整层的展厅全部摆满桌椅，景象蔚为壮观。培训机构已有十余家，在东部地区的很多城市都开有面授课程。每次培训，在讲台上放眼望去，学员少则七八十名，多则一二百名，让笔者仿佛回到了学生时代，想起曾经坐在新东方课堂中学习GMAT的情景。

与考生人数大幅增长相对的，是CFA考试内容的越来越多以及通过率的逐年递减。CFA本身的难度要求培训机构要有一定的教学水平，要求培训师对金融知识和CFA考试出题方向有一定的把握。然而，中国CFA培训能力的增长远远跟不上考生人数的增长。CFA师资极度短缺就是最好的证明。CFA考前培训不同于大学的教育，它往往要求在极短的时间内讲述大量内容。比如，CFA定量方法（包括货币时间价值、统计学、技术分析）通常要求在一天半（9个小时）之内讲完，某些强化班甚至要求半天（3个小时）之内讲完；而在大学中，仅统计学的内容就至少需要40小时才能上完。此外，CFA考试的知识结构与中国大学中的金融教育有很大不同。因此，各家培训机构在大学老师中基本上都难以寻觅到可以胜任CFA教学工作的人。而且，CFA考试的出题思路也与一般人的想法截然不同，考过CFA考试的同学都有切身感受，比如计算题很少，语言描述极尽拗口等。因此，如果仅仅学会考纲中的知识，不代表就能通过考试。没有真切参加过CFA三个级别考试的人，更难以做好CFA培训工作。

然而，中国大陆的CFA持证人总共才约2000人，他们大都在金融机构忙着赚取高薪（像笔者这样无聊到有空写书的人并不多），没有时间也没有兴趣投身CFA培训。因此，不少培训机构只好在学员中开发CFA师资。经常有学员跟笔者说，他刚刚考过一级就被要求去编写一级中文教材；刚刚考过二级就被要求去教一级课程，甚至教二级课程。这样的培训质量可想而知。2010年甚至爆出某知名CFA培训机构的首席培训师（研究院院长）连三级考试都未通过，却已经在教三级课程，还在课堂上自称是CFA持证人兼CFA三级考试命题人。当然，这只是极个别的现象，但却是当今CFA培训界愈发浮躁的一个缩影。一些培训机构只重视市场营销，以虚报的根本无法检验的考试通过率来吸引学员，而不重视师资的培养与辅导配套材料的开发。

当今CFA培训的最大症结就在于此。不少学员受到一些错误思想的误导，虽然花了大量时间来学习CFA，但一直难有突破。一些学员原本对CFA满怀热情，但试听了几堂云里雾里的课之后，自信心已经不敌退堂鼓。还有些学员虽然通过了CFA一级考试，但二级考试却成了难以逾越的鬼门关，最终不得不放弃。即使经过长期认真复习的考生，到考试前夜仍然担心不已，考试通过与否似乎全凭运气与人品。

这套指导考试用书的目标在于，用最简单有效的逻辑把CFA考点串起来，用最浅显的语言把CFA考点讲清楚，再用配套的习题使得考生牢固掌握知识点。经笔者多年培训实践，这是唯一行之有效的方法。不少学员听完笔者的课程之后，认为笔者所说简单易学。有几位学员在上了笔者二级定量方法中时间序列分析的课程之后，强烈建议笔者把它们写作成书，以解决更多学员的疑惑。正是出于对考生负责的初衷，才有了这套书的问世。笔者因为自己多年的CFA培训经历，对考生们的心理以及在复习中遇到的困难有着深刻的了解，才不揣浅陋，贸然将课堂上的一些教学心得付梓，也敢于挑战市面上一些权威的错误思想。

有一种错误思想是过分迷信习题，认为CFA考试靠习题就能突破，一些培训机构甚至以“真题”为诱饵来吸引学员。笔者曾见一家培训机构的CFA一级班，给学员发50多套模考题。结果往往导致学员的金融基础很不好，这样可能确实可以通过一级，但想靠这种方法通过二级就很困难。笔者认为，题不在于多，而在于对路。许多模考题往往是各家培训机构自己瞎编的，其出题的路数与CFA考题相去甚远，甚至有许多题是错的。比如上面所提到的那家培训机构在发出了50多套模考题之后，在 BBS 上就开始连载发布纠错与更正，有时甚至一道题要更正好几次。瞎编的模拟题做了还不如不做。正是因此，笔者才特意仿照 CFA 考试的出题路数和语言描述方法，精制了多道习题收录在本书中，也即本书中所有标注【全真模拟】的习题。

还有一种错误思想认为，只要把金融知识全部掌握，掌握得越深刻越好，考试做题不成问题。因此，有些培训师在课堂上力求精确，常常要把考点往深了讲，每逢定理必证明，每讲债券久期的时候必然要展示一下他卓越的高等数学求导能力。这也难怪数学不好的学员要打退堂鼓。可惜，CFA 考试不考定理的证明。要让学员记住公式的方法不是靠证明给他看，而是要靠理解公式的含义。由于笔者多年研究 CFA 考纲（LOS）和考题，因此这套书的写作宗旨之一就是“考到什么程度，就写到什么程度”。可能有一些金融专业出身的人士要批评本书中一些内容的描述不够精确，但本书的目标受众就是对金融一窍不通的广大考生，这些考生并不是要去做学术研究的。

此外，不少培训师上课有一个通病，就是把 CFA 各个考点割裂开来，而忽略它们在逻辑上相辅相成的关系。不少 CFA 辅导材料也是一条考纲配一段内容，各段之间完全隔断。笔者参与面试和培训过不少新老师，很多人上课就照着辅导材料的样式讲，口头禅都是“下面我们讲下一个考点”、“下面我们讲再下一个考点”……这样讲课，学员就很难记住这些考点，更不用说理解了。很多学员反映二级定量方法中的时间序列分析太难，完全不知道这六个模型是干嘛的，何时该用哪个。

因此，总有学员在听了笔者所讲的时间序列分析逻辑顺序之后说，终于第一次搞明白时间序列说的是什么。

这套书的出炉得到中国财政经济出版社的大力支持，又得到很多 CFA 学员和考生提供的第一手资料，在此鸣谢！

由于时间紧张，笔者水平亦有限，本书中难免有错漏和不当之处，还请读者批评斧正。衷心祝愿各位考生有志竟成，顺利突破 CFA 考试！

笔者的联系方式：

电子邮箱：remmylam@ yahoo. cn

博客地址：http：//remmylin. blog. hexun. com

林晨雷

2011 年 8 月于上海

使用说明

本套丛书是注册金融分析师（CFA）考试的辅助教材，帮助考生快速理解 CFA 考点，梳理 CFA 知识架构，掌握 CFA 出题方法和解题技巧。丛书的目标在于用最简单有效的逻辑把 CFA 考点串起来，用最浅显的语言把 CFA 考点讲清楚，再用配套的习题使得考生牢固掌握知识点。

如何使用本书掌握 CFA 考点？

建议考生按照本书内容的前后顺序，首先通读一个章节，在理解所述内容的基础上，做章节后收录的标注【全真模拟】的习题。如果内容理解没有问题，习题也可以做对，那么可以认为这一章节内容已经初步掌握，可以开始看下一章节。如果对所述内容的理解有困难，或者习题无法做对，那么应当拿出你的 CFA 原版教材（curriculum）或其他培训机构的英文读书笔记（notes / study guide），找到相应的章节，反复读懂，并做对相应章节后的习题。

当然，鉴于 CFA 考试是全英文考试，如果考生有时间将 CFA 原版教材全部通读一遍，无疑对考试时理解题意有很大帮助。但是许多考生往往没有时间把 6 大本原版教材读完，因此先读本书是一个节省时间的方法。但必须说明的是，本书不能替代英文教材，如有时间应当多看英文教材。

如果读者看了本书和 CFA 原版教材之后仍然对某些内容有

疑问，也可以致信笔者切磋交流。

使用本书学习 CFA 考点应注意什么?

本书用最简单有效的逻辑把 CFA 考点串起来，帮助考生梳理 CFA 知识架构，便于考生记忆。使用本书学习时应特别注重掌握各考点之间的内在逻辑，而不要把各个考点割裂开来单独理解。

如何使用本书中所附的习题?

在本书中，笔者特意仿照 CFA 考试的出题路数和语言描述方法，精制了多道习题，即本书中所有标注【全真模拟】的习题。书中另有例题（标注“例”字以作区分），是为了对考点内容做举例说明，并非与考试真题的套路一致，请读者加以注意。

习题的目的是为了使考生掌握每个章节的考试方法和考试重点，考生应当在读完一个章节之后就做相应的习题。除此之外，考生还应当做完 CFA 原版教材相应章节后的习题。

在第三部分“CFA 职业伦理”中没有配习题，这是因为 CFA 协会 2010 年 11 月出版了新的第十版“Standards of Practice Handbook”以及一本全新的“Ethics Cases”。我强烈建议每一位 CFA 考生购买以上两本书（或者下载电子版），并充分理解上面的所有例题。

在最后冲刺复习阶段，考生应将本书中所有标注【全真模拟】的习题重新做一遍，确保全部做对并充分理解每一题的意义。此外，CFA 协会官方网站上会有模考题（mock and online sample），也是极好的复习模考试卷。

在笔者的博客（http://remmylin. blog. hexun. com）中，收录有笔者原著的“如何选择习题”和“CFA 真题的特征”两篇文章，可以教会考生如何辨别哪些习题比较有价值。

目　录

第一部分
CFA 一级组合管理

CFA 一级组合管理部分的考试占比为 5%，即共 12 题。它可以分为两个部分：

第一部分，包括第一章和第三章，统称为组合管理的步骤。这两章是定性的内容，主要概括了组合管理的方法和步骤，并详细阐述投资政策陈述（investment policy statement，简称 IPS）的主要内容。考生应熟练掌握个人投资者的投资政策陈述。

第二部分，包括第二章，称为投资组合管理理论。这一章是定量的内容，主要介绍了组合管理的三个理论模型，即马柯维茨的现代投资组合理论（modern portfolio theory，简称 MPT）、威廉·夏普的资本市场理论（capital market theory）和资本资产定价模型（capital asset pricing model，简称 CAPM）。在这一章中将会给出这三个理论模型的详细推导过程，以便于考生理解。如果考生觉得推导过程太难，那么也没有关系，CFA 考试只考“一头一尾”：头是指模型的前提假设，尾是指模型的结论。它并不考中间的推导过程。

组合管理部分是 CFA 考试最重要的内容，虽然在一级考试中仅占 5%，但在二级考试中就占约 10%，在三级考试中的权重可以高达约 50%。因此，在一级打好基础对后面两个级别的顺利通过非常重要。

第一章　组合管理概述

投资组合的视角

我们看待任何投资产品，都需要从投资组合管理的视角去看问题，而不是将某个投资产品的风险和收益单独拿出来看。根据马柯维茨的现代投资组合理论（MPT），某个投资产品的风险和收益可能很大，但是在投资组合中，其风险可能大部分都被分散化了。

投资客户概述

作为CFA持证人，我们要为客户做投资。客户可以是个人投资者，也可以是机构投资者。各种投资者的情况不同，其投资目标和风险承受度也不一样。

个人投资者（individual investor）投资的目的是为了满足个人或家庭的生活、教育、养老等支出。个人投资者可以购买缴费确定型养老金（defined contribution pension plan，简称DC pension plan），在这种养老金里，个人投资者知道每个月要缴多少钱（缴费确定），但不知道老了以后每个月能拿多少钱（收益不确定）。也就是说，养老金的投资风险由个人承担。

机构投资者（institutional investor）包括收益确定型养老金、捐赠基金、基金会、银行、保险公司、投资公司、主权财富基金等许多种。

收益确定型养老金（defined benefit pension plan，简称 DB pension plan）通常是由公司（雇主）替员工缴纳每月费用。在这种养老金里，公司可以选择每个月多缴钱或少缴钱（缴费不确定），但必须承诺员工退休以后每个月给他多少钱（收益确定）。也就是说，养老金的投资风险由公司承担。

捐赠基金（endowment）和基金会（foundation）通常是由慈善捐款所建立起来的，其投资的目的是为了做一件什么事。比如，洛克菲勒给哈佛大学捐赠一个捐赠基金，其目的是为了每年发洛克菲勒奖学金用的；比尔·盖茨和他妻子共同捐赠的“比尔和梅琳达·盖茨基金会”的目的旨在帮助不发达国家促进卫生和教育。

银行（bank）投资的目的是获取高于负债成本的收益率。银行需要保持低风险，并留出足够的钱以备储户提取现金，防止出现挤兑。

保险公司（insurance company）将收来的保险费投资以获取收益，其目的是支付保险赔偿金并还能有所剩余（有利润）。保险公司通常分为人寿保险公司和财产保险公司。

投资公司就是通常所说的共同基金（mutual fund），分为开放式和封闭式基金两类。共同基金是把散户的资金收集起来，交给专家集合投资（pooled investments）。与捐赠基金和基金会不同的是，共同基金的投资目的不是为了做一件什么事，而是为了大家分钱。

主权财富基金（sovereign wealth fund）的资金来源于政府，如阿联酋的阿布扎比投资局（ADIA）为全球最大主权财富基金，管理资产超过6000亿美元。中国投资有限责任公司（以下简称“中投公司”）是中国的主权财富基金。

各种机构投资者的投资目标和风险承受度见表1－1：

表1－1　投资目标和风险承受度

机构投资者	风险承受度	投资期限	流动性需求	收入需求
DB型养老金	高	长期	低	与雇员的年龄有关
捐赠基金/基金会	高	长期	低	与支出水平有关
银行	低	短期	高	支付利息
保险公司	低	长期（寿险）和短期（财产险）	高	低

CFA一级主要关心的是个人投资者的投资目标和风险承受度。

【全真模拟】which of the following types of institutions is most likely to have a long investment time horizon and a high level of risk tolerance?

A. bank

B. endowment

C. insurance company

【名师详解】捐赠基金的投资期限较长，一般为无限期投资；其风险承受度也较高，因为其投资期限较长，捐赠支出也并非法定。银行和保险公司的风险承受度较低，安全性是它们的经营目标之一。

【答案】B

组合管理的步骤

投资组合管理分为3个步骤：

1. 计划。分析师首先要根据投资者个人的情况，为投资者制定投资政策陈述（IPS）。投资政策陈述相当于投资的宪法，它规定了我们应该怎么投资。我们将在第三章中详细叙述个人投资者的投资政策陈述。

2. 执行。有了投资政策陈述以后，我们要结合客观的资本市场状况，为投资者做资产配置（asset allocation），也就是决定每一种资产在组合中的权重。

3. 反馈。投资者个人的情况会发生变化，资本市场状况也会发生变化，我们要监控这些变化，及时调整资产配置。对于资产组合的风险和收益是否符合投资政策陈述中所确定的投资目标，我们也要及时作出评估。

集合投资工具概述

集合投资（pooled investments）是把多个投资者的资金收集起来一起投资，通常称之为基金。

共同基金（mutual fund）是集合投资的一种。按照购买和赎回的方式不同，可以分为开放式基金和封闭式基金两类。开放式基金的申购和赎回由基金公司负责，投资者向基金公司申购和赎回基金份额。封闭式基金的基金份额在发行之后即在二级市场交易，也就是其流动性由证券市场提供。

按照投资产品的不同，共同基金又可以分为货币市场基金、债券型基金、股票型基金和指数基金等。

交易所交易基金（ETF）是一种金融创新，它是模拟某个指数的基金，其特点是申购和赎回的方式比较特别，称为“以物换物”的申购和赎回（in – kind creation and redemption）。投资者可将与ETF标的相同的股票组合交给基金公司，换取ETF基金份额；也可以将ETF基金份额转换为相应的ETF标的股票组合。因此，交易所交易基金的申购和赎回都是由基金公司负责，这一点类似于开放式基金。

交易所交易基金的基金份额还可以在二级市场上交易，这一点类似于封闭式基金。

单独管理的账户（separately managed account）是投资公司根据某个投资者的需求而单独做投资管理的账户，这个账户的钱与其他投资者集合投资的钱是分开的。单独管理账户没有所谓的基金份额，因为这个投资者持有单独管理账户中的全部资产。投资者甚至还可以参与他的单独管理账户的投资管理和操作，也就是说，投资公司可能并不是全权管理该账户。根据全球投资业绩标准（global investment performance standards，简称 GIPS），投资公司必须将所有实际付费且全权管理（discretionary）的投资组合归纳入组合群，以披露投资业绩。

共同基金是公开募集的基金，而对冲基金（hedge fund）是私募基金。相比公募，私募受到政府的监管相对要小得多，比如没有披露的义务。但是，私募对于投资者人数和投资者资质等有严格的限制。

并购基金（buyout fund）是一种私募股权基金（private equity fund，简称 PE），它通常是将上市公司的股份全部买下来，然后让该公司退市。

风险投资基金（venture capital fund，简称 VC）通常投资于非上市公司的股票，随后期望该公司能够上市，那么风险投资基金就能在二级市场上将股份套现退出。

以上的这些集合投资工具都属于另类投资（alternative investments）的部分，因此，它们不会出现在组合管理部分的考题中。

本章重要考点

考点一：会将单个资产放在投资组合管理的视角中去看问题。

考点二：了解投资组合管理的3个步骤。

第二章　投资组合管理理论

收益率和风险

我们投资任何东西，目的都是要获得一定的收益率，这称为投资者的必要收益率（required rate of return）。它由三个部分组成：（1）实际无风险收益率；（2）预期通货膨胀溢价；（3）风险溢价。

实际无风险收益率（real risk－free rate）是指要求人们推迟消费所必须给予的补偿，它反映了货币的时间价值。实际无风险收益率由两个因素决定：时间偏好（time preference）和投资机会（investment opportunity）。时间偏好是主观因素，是指人们是否愿意现在消费。如果人们非常愿意现在消费，那么就必须给予更高的报酬才能让人们推迟消费。投资机会是客观因素，也就是投资者的机会成本。如果现在的投资机会很多很好，那么就必须给予更高的报酬才能让人们投资到某个特定项目。

预期通货膨胀溢价（expected inflation premium）是由于通货膨胀（以下简称"通胀"）使投资者实际购买力下降而给予的补偿。实际无风险收益率和预期通货膨胀溢价合起来称为名义无风险利率（nominal risk－free rate），其公式为：

名义无风险收益率＝(1＋实际无风险收益率)(1＋预期通货

膨胀溢价）-1

≈实际无风险收益率+预期通货膨胀溢价

我们通常所说的无风险收益率（risk-free rate），指的就是名义无风险收益率，它包含了预期通货膨胀。通常认为美国国债收益率就是无风险收益率。

风险溢价（risk premium）是对于承担投资风险的补偿。投资风险主要包括经营风险、流动性风险、信用风险、国家风险等等。这些风险统称为总风险（total risk）。收益率和风险是金融学永恒的主题。

综上所述，我们得到了投资者必要收益率的公式：

必要收益率=（1+实际无风险收益率）（1+预期通货膨胀溢价）（1+风险溢价）-1

≈实际无风险收益率+预期通货膨胀溢价+风险溢价

$$\text{Required rate of return} = (1+\text{Real } R_f)(1+IP)(1+RP)-1 \approx \text{Real } R_f + IP + RP$$

或者：

必要收益率=（1+名义无风险收益率）（1+风险溢价）-1

≈名义无风险收益率+风险溢价

$$\text{Required rate of return} = (1+\text{Nominal } R_f)(1+RP)-1 \approx \text{Nominal } R_f + RP$$

我们不关心实际无风险收益率和预期通货膨胀溢价如何确定，那是经济学家的事。我们只是简单地用美国国债收益率当做名义无风险收益率的代替。我们在这里学组合管理理论，目的是要计算风险溢价。组合管理理论，就是要首先确定如何度量风险，其次要确定承担这些风险应给予多少风险溢价，最后将风险溢价加上名义无风险收益率，即为投资者要求的收益率。有了投资者的必要收益率，就能给资产定价：必要收益率是所有资产定价模型（DDM 模型、债券定价模型等）的折现率。

现代投资组合理论

均值－方差模型

1952年，25岁的哈里·马柯维茨（Harry Markowitz）在芝加哥大学攻读经济学博士学位。这一年，他在《金融杂志》上发表了《资产组合的选择》一文，首次提出了均值－方差模型。马柯维茨用收益率的期望值来度量收益，用收益率的标准差来度量风险，开创了投资组合理论的新时代。1990年，马柯维茨凭此获得了诺贝尔经济学奖。

均值－方差分析法（mean－variance analysis）是指：我们要决定到底投资于什么样的投资组合（买哪些资产，以及各个资产的权重），只需要知道3件事情：（1）各个资产的期望收益率；（2）各个资产收益率的方差（或标准差）；（3）任何两个资产收益率的协方差（或相关系数）。

所谓均值－方差模型，其实是均值－标准差模型。马柯维茨建立了一个坐标轴，*X*轴上是收益率的标准差，用来度量风险，*Y*轴上是收益率的期望值（均值），用来度量收益。如图2－1所示：

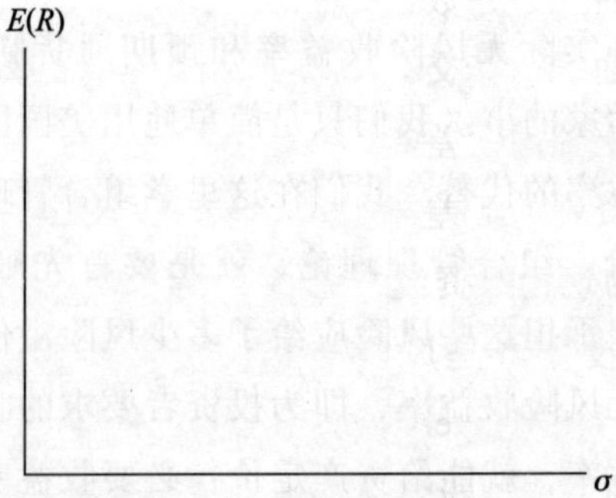

图2－1　均值－标准差坐标系

对任一资产或资产组合，我们可以计算其收益率的期望值和标准差，在马柯维茨均值－标准差二维空间上找到一个点与之对应。

投资者的无差异曲线

马柯维茨首先对投资者行为进行研究，假定了投资者的效用函数。效用函数表现为一条条无差异曲线（indifference curves），无差异曲线将投资者对风险和收益的偏好形象地描绘了出来，如图2－2所示：

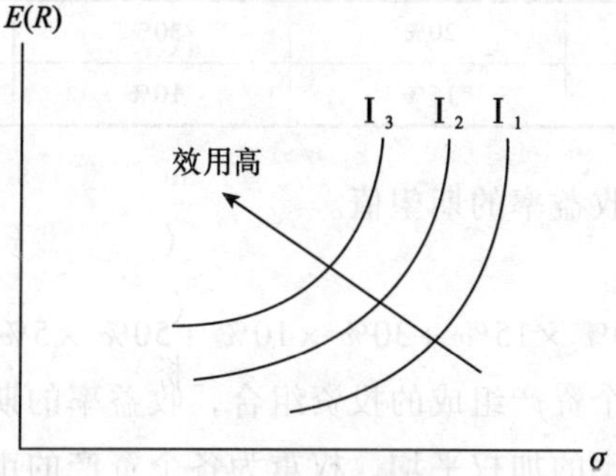

图2－2　无差异曲线

无差异曲线具有以下性质：

1. 无差异曲线有无数条；
2. 无差异曲线不相交；
3. 越往左上方的无差异曲线，效用越高；
4. 每个投资者的无差异曲线不同。

马柯维茨的现代投资组合理论（modern portfolio theory，简称MPT）假设投资者是风险厌恶的投资者（risk averse investor）。风险厌恶（risk aversion）是指投资者不喜欢风险，对于两个收益率相同的资产，投资者会投资于风险较小的那个资产。

风险厌恶用效用函数表示，即表现为无差异曲线的斜率大于0。

计算投资组合的收益率和风险

如前所述，对任一资产或资产组合，我们可以计算其收益率的期望值和标准差，在马柯维茨均值－方差二维空间上找到一个点与之对应。

首先我们来看如何计算收益率的期望值。对于单个资产，收益率的期望值很容易求得。

例 2－1 计算单个资产收益率的期望值。我们预测某股票在下一年的收益率情况为：

发生的概率	20%	30%	50%
收益率	15%	10%	5%

求该股票收益率的期望值。

答案：

$E(R)=20\% \times 15\% + 30\% \times 10\% + 50\% \times 5\% = 8.5\%$

对于由两个资产组成的投资组合，收益率的期望值等于各个资产期望收益率的加权平均，权重为各个资产的市值权重：

$E(R_p)=w_1E(R_1)+w_2E(R_2)$

例 2－2 计算两个资产组成的投资组合收益率的期望值。我们有一个投资组合，包含股票 A 和 B，其市值分别为 60 万美元和 40 万美元，其期望收益率分别为 5% 和 8%。求该投资组合的期望收益率。

答案：

$E(R)=60\% \times 5\% + 40\% \times 8\% = 6.2\%$

收益率的期望值计算相对简单，下面我们来看如何计算收益率的标准差。对于单个资产，收益率的标准差计算就是一般的标准差公式。我们重点要掌握的是由两个资产组成的投资组合的收益率的标准差计算。

要计算标准差，先要计算方差，其公式如下：

$\sigma_p^2 = w_1^2\sigma_1^2 + w_2^2\sigma_2^2 + 2w_1w_2\text{cov}(1,2)$ 或者：$\sigma_p^2 = w_1^2\sigma_1^2 + w_2^2\sigma_2^2 + 2w_1w_2\sigma_1\sigma_2\rho_{1,2}$

随后将方差开根号，即为标准差：

$$\sigma_p = \sqrt{\sigma_p^2} = \sqrt{w_1^2\sigma_1^2 + w_2^2\sigma_2^2 + 2w_1w_2\sigma_1\sigma_2\rho_{1,2}}$$

【全真模拟】Henry Davis invests \$6 million in stock A and \$4 million in stock B. The return standard deviations of stock A and B are 10% and 20%, respectively. The return correlation is 0.7. Then which of the following is most likely to be the standard deviation of his portfolio return?

A. 1.67%

B. 4.65%

C. 12.93%

【名师详解】投资组合包含股票A和B，其市值权重分别为0.6和0.4，其收益率的标准差分别为10%和20%，相关系数为0.7。求该投资组合收益率的标准差。

首先计算投资组合收益率的方差：

$$\sigma_p^2 = 0.6^2 \times 0.1^2 + 0.4^2 \times 0.2^2 + 2 \times 0.6 \times 0.4 \times 0.1 \times 0.2 \times 0.7 = 0.01672$$

将方差开根号即为标准差 $\sigma_p = 0.01672^{0.5} = 0.1293 = 12.93\%$

【超级猜题法】此题就是考公式 $\sigma_p^2 = w_1^2\sigma_1^2 + w_2^2\sigma_2^2 + 2w_1w_2\sigma_1\sigma_2\rho_{1,2}$，虽然不难，但是计算很繁琐，1.5分钟肯定算不出来。做此类题目有一个简便的猜题方法，就是在3个选项中寻找有平方关系的选项。因为通常有些人会算出方差却忘记开根号，因此CFA协会必定会将方差作为一个备选项。例如此题中，容易发现12.93%的平方即为1.67%。这就说明，1.67%为方差，12.93%为标准差。根据本人多年的经验，此方法万试万灵，从未出错。

【答案】C

【全真模拟】To calculate the portfolio standard deviation with the Markowitz model, which of the following input data is least likely to be required?

A. expected rate of return for each individual asset in the portfolio

B. variance of each individual asset in the portfolio

C. covariances between returns for all assets included in the portfolio

【名师详解】根据公式 $\sigma_p^2 = w_1^2\sigma_1^2 + w_2^2\sigma_2^2 + 2w_1w_2\text{cov}(1,2)$，计算资产组合收益率的标准差，需要的输入参数包括各个资产的市值权重、各个资产收益率的方差、任何两个资产收益率的协方差（相关系数）。这里并不需要各个资产的期望收益率，只有在计算资产组合的期望收益率时才需要各个资产的期望收益率。这里要算的是资产组合的风险。

【答案】A

相关系数对投资组合效用的影响

有了以上计算两个资产组成的投资组合的期望收益率和收益率标准差的公式，我们可以试着计算资产 A 和资产 B 组合出来的图形，如图 2－3 所示：

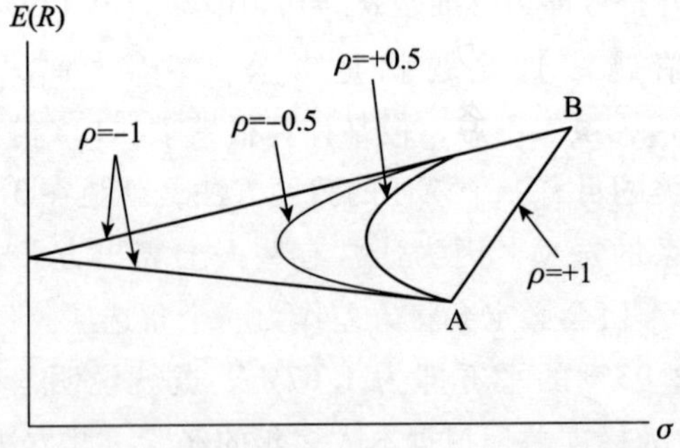

图 2－3　相关系数对投资组合效用的影响

如果资产 A 和资产 B 的收益率的相关系数等于 1，那么两个资产的投资组合将呈一条直线，直线上的每一个点表示不同权重组合的投资组合。如果我们把 100% 的资金投资于资产 A（0% 给资产 B），那么“投资组合”就是 A 点。随着 A 的权重越来越小，B 的权重越来越大，投资组合的点就沿着直线向右上方移动。直到 B 的权重达到 100%（A 的权重为 0%），那么“投资组合”就到达 B 点。

如果资产 A 和资产 B 的收益率的相关系数等于 -1，那么两个资产的投资组合将呈一条折线。折线上的每一个点也表示权重不同。

更一般地讲，如果资产 A 和资产 B 的收益率的相关系数在 -1 到 1 之间，那么两个资产的投资组合将呈一条向左上方弯曲的曲线。曲线上的每一个点也表示权重不同。而且相关系数越小，曲线越往左边弯曲。

由此可知，相关系数越小，组合的效用越高。因为相关系数越小，组合的曲线越往左弯曲，而左边的组合风险小。

最小方差前沿和有效前沿

不断增加投资组合中的资产数量，组合的曲线就越往左边去，直到所有的风险资产都被包含在投资组合当中，就得到了最左边的一条曲线，称为最小方差前沿（minimum - variance frontier）。最小方差前沿是最左边的一条曲线，它上面的点代表所有风险资产的资产组合，称为最小方差组合。最小方差前沿上每个点都是所有风险资产的资产组合，各个点的区别是权重不同（见图 2 -4）。

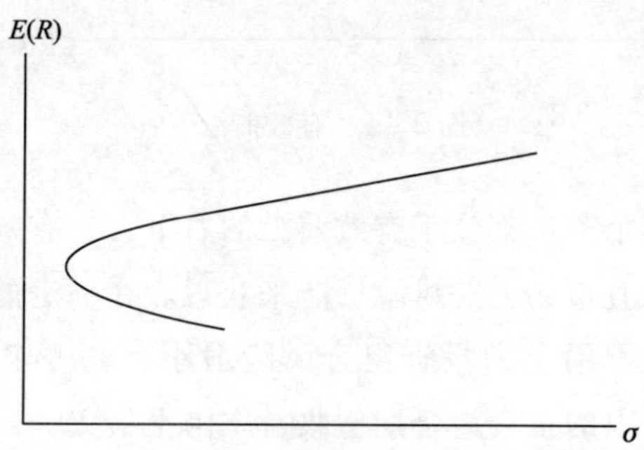

图 2 -4　最小方差前沿

我们应该投资于最小方差前沿上的点，因为对任意收益率水平，最小方差前沿上的组合的风险最小，因为它在最左边。但是，是否最小方差前沿上的每个点都值得投资呢？显然，最小方差前沿的下半部分并不值得投资，因为它没有上半部分好。因为对任意风险水平，最小方差前沿的上半部分的收益率都比下半部分更高。因此，我们说最小方差前沿只有上半部分才是有效的。

那么，从哪里开始算上半部分呢？容易想到，最小方差前沿的最左边一点是个拐点，从这一点开始往上的部分都是上半部分，这一点称为全球最小方差组合（global minimum - variance portfolio）。全球最小方差组合是所有资产组合中风险最小的一个组合，因为它在最最左边。

从全球最小方差组合开始，最小方差前沿的上半部分就称为马柯维茨有效前沿，简称有效前沿（efficient frontier）。有效前沿是能够达到的最优的投资组合的集合，它位于所有资产和资产组合的左上方，如图 2 - 5 所示：

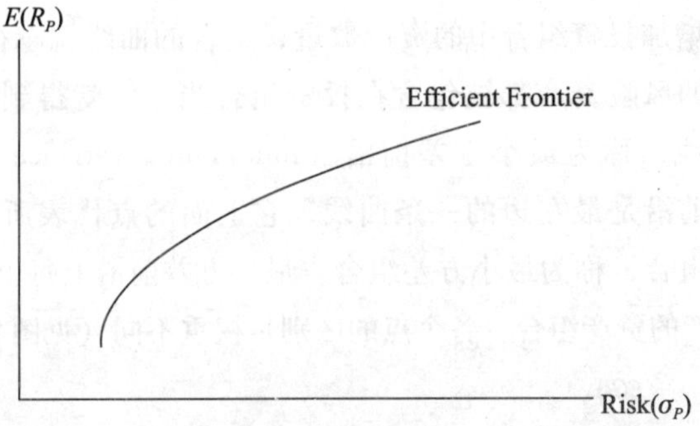

图 2 - 5　有效前沿

所有的单个资产都位于有效前沿的右下方，有效前沿的左上方无法利用现有市场上的风险资产来获得。在一定的期望收益率水平下，有效前沿上的投资组合风险最小；在一定的风险水平下，有效前沿上的投资组合期望收益率水平最大。

有效前沿上的投资组合称为有效组合（efficient portfolio），

其特点是包含了所有风险资产，所以我们称有效组合是完全分散化了（well - diversified，fully - diversified）的投资组合。

投资者的效用函数是投资者的主观愿望，有效前沿是证券市场的客观实际。将投资者的效用函数（无差异曲线）与有效前沿结合起来，切点就是使得投资者效用最大的投资组合，称为最优组合（optimal portfolio），如图 2 - 6 所示：

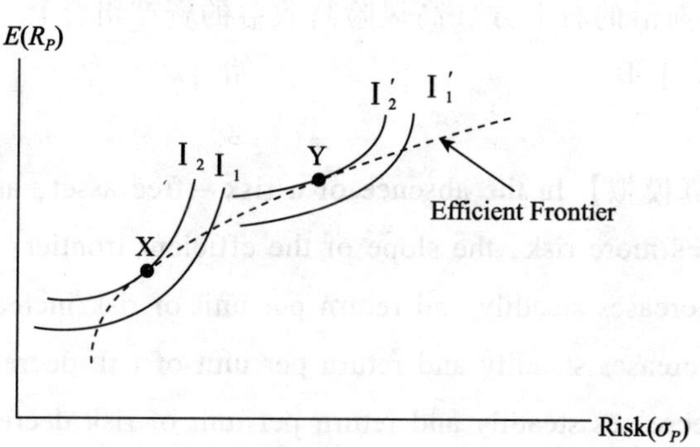

图 2 - 6　最优组合

由于投资者的无差异曲线不相同，所以其切点（最优组合）也不相同。X 投资者比 Y 投资者更加风险厌恶，因此 X 的最优组合在 Y 的最优组合的左下方。

【全真模拟】Two investors, Mr. Black and Mr. White, have varying indifference curves. The indifference curve for Mr. White has a much steeper slope than the indifference curve for Mr. Black. All else being equal, both investors prefer less risk to more, and prefer higher returns to lower. Which of the following statements about the optimal portfolio and level of risk aversion for Mr. White, compared to Mr. Black, is TRUE?

Optimal Portfolio	Risk Aversion
A. Lower on the efficient frontier curve	Lower
B. Lower on the efficient frontier curve	Higher

C. Higher on the efficient frontier curve Higher

【名师详解】白先生和黑先生都是风险厌恶者，但是他们的厌恶程度不同。白先生的无差异曲线更加陡峭（斜率更大），意味着白先生更厌恶风险，因为要他多承担同样单位的风险，需要给他更多的收益率才可以。因此，白先生的最优组合会在有效前沿的左下方（低风险低收益的资产组合），而黑先生的最优组合会在有效前沿的右上方（高风险高收益的资产组合）。

【答案】B

【全真模拟】In the absence of a risk - free asset, as an investor assumes more risk, the slope of the efficient frontier:

A. increases steadily and return per unit of risk increases

B. increases steadily and return per unit of risk decreases

C. decreases steadily and return per unit of risk decreases

【名师详解】随着横坐标（标准差）变大，有效前沿的斜率越来越小，即多承担一单位的风险需要增加的收益率越来越少。

【答案】C

资本市场理论

资本市场理论的假设

由于马柯维茨的现代投资组合理论（MPT）难以付诸实际应用，因此威廉·夏普（William Sharpe）在现代投资组合理论的基础上加上了无风险资产，得到了资本市场理论（capital market theory）。

威廉·夏普在资本市场理论中作了以下 7 条前提假设：

1. 所有的投资者都是马柯维茨投资者。即所有投资者都以马柯维茨均值－方差分析框架来分析证券，追求效用最大化，属风险厌恶者，他们购买有效前沿与无差异曲线的切点的最优组合。因此说威廉·夏普的资本市场理论是基于马柯维茨现代投资组合理论基础上的。

2. 投资者可以以无风险收益率无限借贷。在马柯维茨的世界里，世界上所有的资产都是风险资产，没有无风险资产。在威廉·夏普的世界里，第一次引入了无风险资产。无风险资产的风险（标准差）为0，收益率为无风险收益率。

3. 所有投资者的期望相同。即任何投资者认为同一个股票有相同的风险/收益分布。

4. 所有的投资者的投资期限相同，都为一期。

5. 资产无限可分。即投资者可以买0.1股股票，可以买0.01股股票等等。

6. 无摩擦市场。主要指没有税和交易费用。

7. 投资者是价格的接受者，也就是投资者的买卖行为不会改变证券价格。

资本市场理论的7条前提假设可以归结为两条：一是所有投资者都是一样的；二是市场是有效的。

这7条假设既是资本市场理论的前提假设，也是资本资产定价模型的前提假设，因此显得尤为重要。

资本市场理论和资本市场线

马柯维茨有效前沿上的投资组合仅包含了所有风险资产，威廉·夏普对马柯维茨有效前沿作了改进，引入了无风险资产。

无风险资产位于Y轴上，其标准差为0，收益率为无风险收益率R_f。夏普想要计算出无风险资产与任一风险资产（或资产组合）X组合后的情况如何。

假定风险资产X的权重为w_x，那么无风险资产的权重为$1-w_x$。我们可以计算组合的期望收益率为：

$$E(R_p)=(1-w_x)R_f+w_xE(R_x)=R_f+w_x[E(R_x)-R_f]$$

我们继续计算组合的方差：

$$\sigma_p^2=w_x^2\sigma_x^2+(1-w_x)^2\sigma_f^2+2w_x(1-w_x)\sigma_x\sigma_f\rho_{x,f}$$

由于无风险资产的标准差为$0(\sigma_f=0)$，所以右边第二项和第三项都等于0，我们有：

$$\sigma_p^2=w_x^2\sigma_x^2$$

两边开方求标准差，得：

$$\sigma_p=w_x\sigma_x$$

变形得到：$w_x=\dfrac{\sigma_p}{\sigma_x}$，代入第一个式子（组合的期望收益率），得：

$$E(R_p)=R_f+\left(\frac{E(R_x)-R_f}{\sigma_x}\right)\times\sigma_p$$

从该式子中我们可以看到，无风险资产与任一风险资产X组合后得到一条直线，其截距是无风险收益率R_f，斜率是$\dfrac{E(R_x)-R_f}{\sigma_x}$。值得注意的是，这个斜率就是风险资产$X$的夏普比率（Sharpe ratio）。这一条直线称为资本配置线（capital allocation line，简称CAL）。资本配置线上的点表示无风险资产与风险资产X的线性组合。

那么，我们到底应该取哪一个风险资产X去跟无风险资产做组合呢？不难看出，对投资者来说，最好的资本配置线是与有效前沿相切的那一条直线，这条直线在任一资本配置线的左上方，也在有效前沿的左上方，因此它效用最高。这条直线取代了马柯维茨有效前沿，成为了新的有效边界（见图2－7）。

假设切点为M，则直线的公式为：

$$E(R_p)=R_f+\left(\frac{E(R_M)-R_f}{\sigma_M}\right)\times\sigma_p$$

我们称这条直线为资本市场线（capital market line，简称CML）。点M称为市场组合（market portfolio），其包含了所有

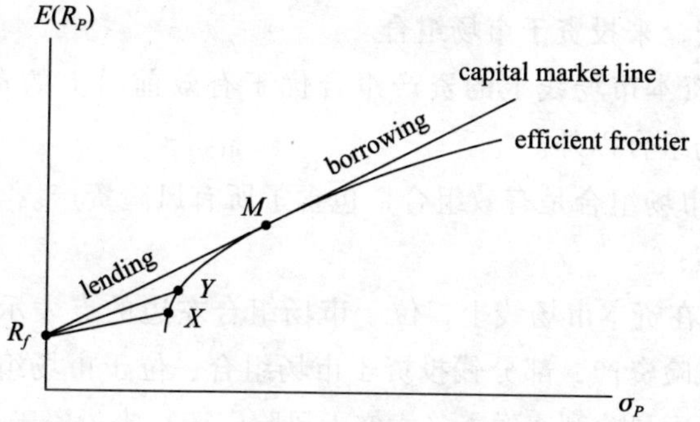

图 2-7 资本市场线

的风险资产，权重是市值权重。通常把标准普尔 500 指数当作市场组合的代替。

资本市场线上任何点都是无风险资产与市场组合的线性组合。在资本市场线上，位于无风险资产和市场组合之间的任意一点表示部分钱投资于无风险资产，部分钱投资于市场组合，CFA 协会称之为贷出组合（lending portfolio）；位于市场组合右边的任意一点表示以无风险利率融资（卖空无风险资产）来投资于市场组合，CFA 协会称之为借入组合（borrowing portfolio）。

资本市场线相当于一条新的有效前沿，资本市场线位于所有资产和资产组合的左上方。在马柯维茨的世界里，世界上所有的资产都是风险资产，没有无风险资产，组合的最佳结果为凹曲线的有效前沿。在威廉·夏普的世界里，引入了无风险资产，相当于多了一个资产可以做组合，组合的最佳结果为一条直线，即资本市场线。

我们再次拿出投资者的效用函数（无差异曲线）与资本市场线结合起来，得到新的切点（最优组合）。在 CML 的世界中，投资者不需要考虑风险资产之间的权重，只需要考虑投资于无风险资产和市场组合的比例即可，而市场组合即为所有风险资产以市值权重加权的资产组合。

例 2-3 以下关于资本市场理论的说法，哪一个是错误的？

A. 在资本市场线上，位于市场组合左边的点表示以无风险利率融资，来投资于市场组合。

B. 资本市场线上的资产组合优于有效前沿上的资产组合，除了市场组合以外。

C. 市场组合是有效组合，包含了所有风险资产。

答案：

A。在资本市场线上，位于市场组合左边的点表示部分钱投资于无风险资产，部分钱投资于市场组合；位于市场组合右边的点表示以无风险利率融资（卖空无风险资产）来投资于市场组合。

【全真模拟】When a risk - free asset is combined with a portfolio of risky assets, will the：

	standard deviation of the resulting portfolio be a linear function of the standard deviation of the risky asset portfolio?	graph of the possible portfolio return and risk combinations display increasing incremental return per unit of incremental risk change?
A	No	No
B	No	Yes
C	Yes	No

【名师详解】本题考的是无风险资产与任一风险资产组合的组合，也就是资本配置线。

首先，最终资产组合（收益率的）标准差为 $\sigma_p = w_x\sigma_x$，也就是说，它与风险资产组合的收益率标准差之间有线性关系，因此第一句话正确。

其次，资本配置线是一条直线，它表示最终资产组合的标准差与其收益率之间也是线性关系，即风险每增加一个单位，收益率就相应增加一个恒定的数值。而第二句话说，风险每增加一个单位，收益率是加速（increasing）增长的，意思就是说，标准差与其收益率之间是曲线关系（非线性关系），而曲线的斜率越来越大（凸函数）。因此第二句话不正确。

【答案】C

【全真模拟】Which of the following statements about the market portfolio and the capital market line is least accurate? The market portfolio:

A. assumes an equal amount is invested in each risky asset

B. bears risk that is related to changes in macroeconomic variables

C. is perfectly positively correlated with other portfolios on the capital market line

【名师详解】市场组合包含了所有的风险资产，权重是市值权重，即每个风险资产的市值占所有风险资产总市值的百分比。选项 A 说权重是相等权重，因此 A 错误。

市场组合是完全分散化的组合，承担的风险是市场风险，即系统性风险，因此，只有宏观经济的变化才能改变市场组合的收益率，选项 B 正确。

资本市场线上的组合是无风险资产和市场组合的线性组合，因此收益率与市场组合呈线性关系。选项 C 正确。

【答案】A

【全真模拟】An investor has a portfolio located on the capital market line to the right of the market portfolio. Whether the portfolio is lending/borrowing or linear with the market portfolio?

	Linear with portfolio	Lending/borrowing
A.	linear	lending
B.	linear	borrowing
C.	nonlinear	lending

【名师详解】资本市场线是直线，其上的组合为无风险资产和市场组合的线性组合。位于市场组合右边的任意一点表示以无风险利率融资（卖空无风险资产）来投资于市场组合，CFA 协会称之为借入组合（borrowing portfolio）。

【答案】B

资本资产定价模型

资本资产定价模型与证券市场线

威廉·夏普看到，通过构造资产组合，可以降低风险，但不能完全消除风险。我们把可以通过构造资产组合分散掉的风险称为非系统性风险（unsystematic risk），不能通过构造资产组合分散掉的风险称为系统性风险（systematic risk）。我们有：

总风险=系统性风险+非系统性风险

投资者要求在承担风险的时候得到风险溢价（risk premium）。非系统性风险可以通过构造资产组合分散掉，是可以避免的风险，因此，承担非系统性风险不能得到风险溢价。风险溢价只能是对于不可避免风险的补偿，即承担系统性风险的补偿。

在马柯维茨的MPT世界和夏普的CML世界中，我们看到的都是回报率与总风险（标准差σ度量总风险）的关系。既然风险溢价只于系统性风险有关，那么我们当然要把横轴上的标准差σ换成一个度量系统性风险的指标，来看看回报率与系统性风险的关系。

威廉·夏普用β系数来度量一个证券的系统性风险，得到了鼎鼎大名的资本资产定价模型（capital asset pricing model，简称CAPM）。公式如下：

$$E(R_i)=R_f+(E(R_M)-R_f)\beta_i$$

其中：$E(R_i)$表示资产i的期望收益率，$E(R_M)$表示市场组合的期望收益率（见图2-8）。

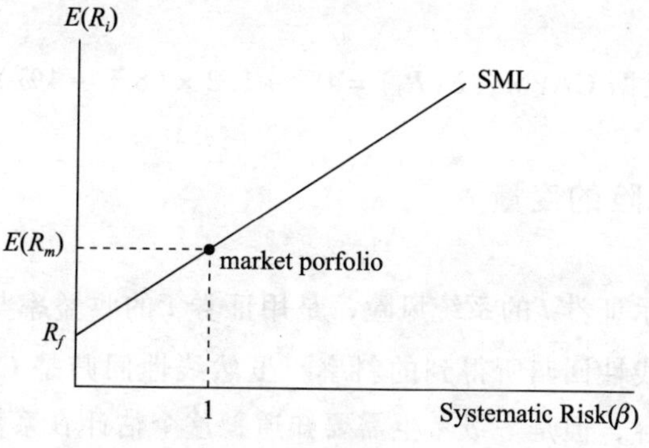

图 2-8 证券市场线

该直线称为证券市场线（security market line，简称 SML），该公式称为 CAPM 模型。直线的斜率（$E(R_M)-R_f$）称为市场风险溢价（market risk premium，简称 MRP），即市场组合的期望收益率高于无风险收益率的部分。斜率与 β 相乘称为该证券的风险溢价（risk premium）。

是否还记得我们在本章开头说，我们学组合管理理论，目的是要计算风险溢价。现在，我们终于得到它了。CAPM 模型告诉我们，证券的风险溢价等于证券的系统性风险（β 系数）乘以市场风险溢价。有了 CAPM 模型，就可以计算资产和资产组合的必要收益率。因此，任何定价合理的资产或者资产组合，其收益率应当等于 CAPM 模型确定的收益率（即代表该资产或资产组合的点位于 SML 线上）。

CAPM 模型是整个 CFA 考试中最重要的考点，它必将出现在全部三个级别的考试中。

例 2-4 假定一个股票的 β 系数为 1.2，标准普尔 500 指数的期望收益率为 8%，美国国库券收益率为 4%。该股票的必要收益率为多少？

A. 8.8%

B. 9.6%

C. 13.6%

答案：

A。根据 CAPM，$E(R_i)=4\%+1.2\times(8\%-4\%)=8.8\%$

系统性风险的度量

β_i 表示证券 i 的系统风险，是用证券 i 的收益率与市场组合收益率做线性回归所得到的斜率。虽然线性回归是 CFA 二级定量中的内容，但是一级考生需要知道，这个估计 β 系数的回归模型称为市场模型（market model）。β 等于证券 i 的收益率与市场组合收益率的协方差除以市场组合收益率的方差，公式为：

$$\beta_i=\frac{\operatorname{cov}(R_i,R_M)}{\sigma_M^2}=\frac{\sigma_i}{\sigma_M}\times\rho_{i,M}$$

资产的 β 系数越大，即为系统性风险越大。β 系数度量的是一个资产的收益率关于市场组合收益率变化的敏感度。市场组合的 β 系数等于 1。

例 2-5 假定 ABC 股票的收益率的标准差为 12%，标准普尔 500 指数的收益率的标准差为 10%，ABC 股票收益率与标准普尔 500 指数收益率的相关系数为 0.7。则该股票的 beta 系数为多少？

A. 0.58

B. 0.84

C. 1.25

答案：

B。$\beta_i=0.7\times12\%/10\%=0.84$

【全真模拟】A portfolio manager wants to purchase stocks with betas that are greater than the market beta. He has asked his analyst to evaluate two stocks, Stock X and Stock Y, and determine if their betas are greater than the market beta. The following information about Stocks X and Y is available to the analyst:

	Stock X	Stock Y
Standard deviation of returns	0.15	0.16
Covariance between the return on the market and:	0.014	0.021

The return on the market is 0.12 and the standard deviation of returns on the market is 0.13. Which of the stocks should the analyst recommend?

	Recommend X	Recommend Y
A.	Yes	No
B.	No	Yes
C.	Yes	Yes

【名师详解】本题就是计算两个股票的 beta 系数，并选取 beta 系数大于 1 的股票。需要知道市场组合的 beta 系数等于 1。

X 股票的 beta $= 0.014/(0.13)^2 = 0.82$

Y 股票的 beta $= 0.021/(0.13)^2 = 1.24$

【答案】B

区别资本市场线和证券市场线

1. 横坐标不同。资本市场线（CML）的横坐标是总风险；证券市场线（SML）的横坐标是系统性风险。

2. 含义不同。资本市场线（CML）上的点表示无风险资产和市场组合的组合；证券市场线（SML）的点表示所有定价合理的资产和资产组合。

3. 直线方程不同。资本市场线（CML）的斜率是市场组合的夏普比率；证券市场线（SML）的斜率是市场风险溢价。

【全真模拟】Which of the following statements about portfolio management is most likely to be correct?

A. Combining the capital market line with an investor's indifference curve map separates out the decision to invest from the decision of what to invest in

B. As an investor diversifies away the unsystematic portion of risk, the correlation between his portfolio return and that of the market approaches negative one

C. The security market line measures unsystematic risk versus expected return; the CML measures total risk

【名师详解】将投资者的无差异曲线与资本市场线相结合，可以得到新的切点，即为最优组合，因为资本市场线相当于是有无风险资产情形下的有效前沿。因此选项 A 正确。

如果将非系统性风险全部分散化了，则只剩下系统性风险，即市场风险，那么与市场组合收益率的相关系数为 1，而不是 -1。因此选项 B 错误。

证券市场线是以系统性风险（beta）来度量风险的，而不是非系统性风险。因此选项 C 错误。

【答案】A

资本资产定价模型的应用

用证券市场线判断证券定价是否合理

SML 可以用来判断证券定价是否合理。如果一个证券定价合理，其应当位于 SML 线上，如下图 A 点所示。如果一个证券价格被高估（收益率被低估），其应当位于 SML 下方，如下图 B 点所示。如果一个证券价格被低估（收益率被高估），其应当位于 SML 上方，如图 2 -9 中 C 点所示。

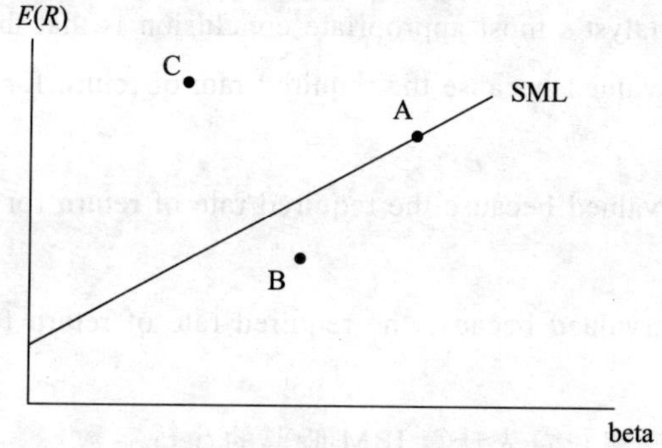

图 2-9 用证券市场线判断资产定价是否合理

例 2-6 用 SML 线判断定价是否合理。假定一个股票的 β 系数为 2，市场风险溢价为 3%，无风险收益率为 4%。其现在的市场价格为 10 元，分析师预计 1 年以后的价格会涨到 12 元，期间没有红利。问该股票定价是否合理。

答案：

根据 CAPM，$E(R_i) = 4\% + 2 \times 3\% = 10\%$，即该股票的回报率应当为 10%。

我们预计其回报率为 20%（=12/10-1），即其位于 SML 线上方。

该股票的价格被低估，其给予的回报率偏高（高于投资者要求的回报率）。我们应当买入该股票。

【全真模拟】An analyst gathers the following information about IBM stock and the market portfolio:

Covariance of the IBM stock return with the market portfolio return	0.005
Variance of the market portfolio return	0.004
Risk - free rate of return	4%
Expected future rate of return for the market portfolio	9%

The IBM stock is now selling at $10, and the analyst expects the price will be $11 in one year. Based only on the information above, the analyst's most appropriate conclusion is that the stock is:

A. overvalued because the required rate of return for the stock is 10%

B. overvalued because the required rate of return for the stock is 10. 25%

C. undervalued because the required rate of return for the stock is 10%

【名师详解】首先计算 IBM 股票的 beta 系数:

beta = 0. 005/0. 004 = 1. 25

根据 CAPM, IBM 股票的必要收益率 = 4% + 1. 25(9% - 4%) = 10. 25%。但是，根据分析师预测的价格，股票实际上给予的年收益率为 10%，即收益率定低了，即价格定高了。

【答案】B

绩效评估

在做投资绩效评估的时候，我们需要综合评估投资的风险和收益。常用的绩效评估的指标包括夏普比率、M^2 指标、特雷诺比率和詹森 α。

夏普比率

夏普比率（Sharpe ratio, Sharpe measure）是资本配置线（CAL）的斜率，它度量的是单位风险的超额收益（excess return per unit of risk）。夏普比率的公式为:

$$Sharpe\ Ratio = \frac{E(R_p) - R_f}{\sigma_p}$$

夏普比率的分子是资产组合的平均收益率超过无风险收益率的部分，称为超额收益（也称风险溢价）。资产组合的平均收益率之所以会超过无风险收益率，是因为承担了风险。我们把超额收益除以总风险的度量，即为单位风险的超额收益。

夏普比率综合衡量了投资的风险和收益，被广泛用于绩效评估。夏普比率越高越好。根据资本市场理论，最有效的投资组合位于资本市场线（CML）上，即组合的夏普比率等于市场组合（M）的夏普比率。在实践当中，如果投资绩效特别好的话，那么投资组合就会位于资本市场线的上方，也就意味着组合的夏普比率高于市场组合的夏普比率。

夏普比率的题目一般应该出现在定量方法部分中，而不大可能出现在组合管理部分。

M^2

M^2指标（M－squared）的公式为：

$$M^2=[E(R_p)-R_f]\frac{\sigma_M}{\sigma_p}-[E(R_M)-R_f]$$

到底什么是M^2呢？在实践当中，如果投资组合P的绩效特别好的话，那么它就会位于资本市场线的上方，也就是P的夏普比率高于市场组合的夏普比率。我们延长投资组合P的资本配置线（CAL）至市场组合（M）的上方一点P^*，也就是P^*与M具有相同的总风险σ_M。则M^2就是P^*与M之间的距离。上面公式中的第一项（$[E(R_p)-R_f]\frac{\sigma_M}{\sigma_p}$）为$P^*$到$F$的距离，第二项（$E(R_M)-R_f$）为$M$到$F$的距离，相减即为$P^*$到$M$的距离（见图2－10）。

综上所述，夏普比率度量的是投资组合P的CAL斜率，M^2指标度量的是其CAL上对应的点P^*到市场组合的距离。与夏普比率一样，M^2指标越大越好。而且，夏普比率越大，M^2指标也就越大。

特雷诺比率

在夏普比率的分母上是总风险的度量，如果换成系统性风险

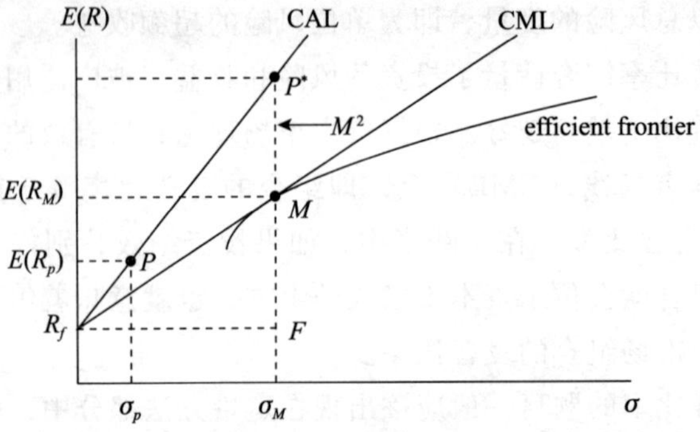

图 2-10　资产组合 P 的 M^2 指标

的度量 β，那么就是特雷诺比率（Treynor ratio，Treynor measure）。这也就意味着，特雷诺比率是在以 β 系数为横坐标的图上，投资组合 P 与无风险收益率的连线的斜率。特雷诺比率的公式为：

$$Treynor\ ratio = \frac{E(R_p) - R_f}{\beta_p}$$

特雷诺比率度量的是单位系统性风险的超额收益。根据 CAPM 模型，如果一个资产定价合理，那么它的特雷诺比率应为市场风险溢价（$E(R_M) - R_f$）。如果一个资产价格被低估（收益率被高估），那么它的特雷诺比率应大于市场风险溢价。如果一个资产价格被高估（收益率被低估），那么它的特雷诺比率应小于市场风险溢价。

詹森 α

詹森 α（Jensen's Alpha）又称为异常收益率，它等于资产的（实际的）收益率减去（CAPM 所确定的）必要收益率，即：

$$\alpha_p = R_p - E(R_p)$$

其中：$E(R_p) = R_f + (E(R_M) - R_f)\beta_p$，为 CAPM 模型确定的必要收益率。

如果一个证券定价合理，其位于SML线上，它的詹森α值为0。如果一个证券价格被低估（收益率被高估），其位于SML上方，它的詹森α值大于0。如果一个证券价格被高估（收益率被低估），其位于SML下方，它的詹森α值小于0（见图2-11）。

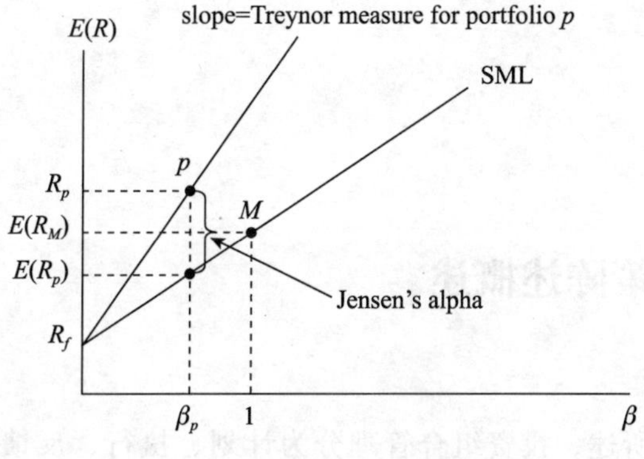

图2-11 资产组合P的詹森α

容易看到，特雷诺比率类似于夏普比率，是斜率的度量；詹森α类似于M^2指标，是距离的度量。

本章重要考点

考点一：计算两个资产组成的投资组合收益率的标准差。

考点二：了解最小方差前沿和有效前沿的含义。

考点三：了解资本市场理论的7条前提假设。

考点四：了解资本市场线和证券市场线的含义。

考点五：利用资本资产定价模型计算资产和资产组合的必要收益率。

考点六：利用证券市场线判断资产定价是否合理。

考点七：利用夏普比率、M^2指标、特雷诺比率和詹森α做投资绩效评估。

第三章　投资组合的计划步骤

投资政策陈述概述

如前所述，投资组合管理分为计划、执行、反馈3个步骤。CFA一级主要关心的是计划的步骤，也就是要根据投资者个人的情况，为投资者制定投资政策陈述。投资政策陈述（investment policy statement，简称IPS）相当于投资的宪法，它规定了我们应该怎么投资。

投资政策陈述是根据投资者的个人情况制定的，各个投资者的个人情况不同，因此投资政策陈述需要量身定制。CFA一级主要关心的是个人投资者的投资政策陈述，而机构投资者的投资政策陈述是三级考试的内容。

投资政策陈述相当于投资者的无差异曲线，我们要将投资政策陈述结合客观的资本市场状况（相当于CML线），就可以确定投资者的资产配置（asset allocation），也就是决定每一种资产在组合中的权重。

投资政策陈述的主要内容

投资政策陈述主要包括投资目标和投资限制两大块内容。

投资目标

投资目标（investment objectives）包括风险目标和收益率目标两个部分。

风险目标

风险目标（risk objectives）的描述方法可以是绝对的，也可以是相对的。

绝对风险目标（absolute risk objectives）的描述方法有多种：

1. 用标准差表述。例如，年收益率的标准差不可大于10%。

2. 用损失的绝对限制表述。例如，未来2年内任何时候的损失都不可大于5%。

3. 用损失的概率表述。例如，未来2年内损失大于5%的概率要小于10%。

相对风险目标（relative risk objectives）是与某个基准（benchmark）相对比的风险目标，描述方法包括：

1. 用循迹误差表述。例如，未来2年内的月收益率与当月标准普尔500指数收益率的差异的标准差不可大于2%。

2. 用损失的绝对限制表述。例如，未来2年内任何时候的收益率都不可低于无风险收益率。

3. 用损失的概率表述。例如，未来2年内收益率比标准普尔500指数收益率低2%以上的概率要小于10%。

以上风险目标都是客观的标准，即用数字来度量的标准，而风险承受度（risk tolerance）是主观的标准，即分为高中低三档。个人投资者的风险承受度由承担风险的意愿（willingness to take risk）和承担风险的能力（ability to take risk）两个因素决定。承担风险的意愿是投资者的主观愿望，受投资者心理状况的影响。承担风险的能力是由投资者的客观因素决定的，例如年龄、家庭状况、收入支出状况、现有财富状况、是否有养老金和商业保险、身体健康状况等。

收益率目标

与风险目标类似，收益率目标（return objectives）的描述方法也可以是绝对和相对的。

绝对收益率目标（absolute return objectives）的描述方法有多种：

1. 用名义收益率表述。例如，年总收益率不低于8%。

2. 用实际收益率表述。例如，年总收益率至少比通货膨胀率高2%。

相对收益率目标（relative return objectives）是与某个基准相对比的收益率目标，例如，年总收益率至少比标准普尔500指数收益率高3%。

【全真模拟】Regarding an individual's investment policy statement, which of the following is least appropriate as the investment objective? The portfolio seeks:

A. current income in the form of dividends and interest

B. 12% annual returns with above – average market risk

C. to match the performance and risk characteristics of the S&P 500 Index

【名师详解】投资目标应包括收益率目标和风险目标。选项

A仅仅包括收益率目标，而没有对风险的陈述。

【答案】A

投资限制

投资限制（investment constraints）包括以下5个方面：

1. 流动性（liquidity）：是指资产能够按照市价迅速变现的需要。如果投资者短期内有大量现金支出的需求（例如，住房首付款、装修等），或者定期有现金支出的需求（如每月归还按揭贷款给银行），则投资的流动性要求高。分析师就需要为客户多投资于流动性好的资产，如国债等，而不能把大量的资金投入对冲基金、私募股权基金等流动性差的资产。

2. 时间期限（time horizon）：是指投资期限的长短。个人投资者的投资期限一般较长，而且投资期限一般分为几个阶段（例如，退休前和退休后）。投资期限越长，风险承受度就越大，需要的流动性也越小。

3. 税收（tax concerns）：投资者关心的收益率是税后收益率。利息和分红一般按照投资者的个人所得税率征税，而资本利得的税率不同，一般较小。有些投资产品是免税的，如市政债券。有些机构投资者是免税的（例如，养老金、捐赠基金等）。

4. 法律和监管因素（legal and regulatory factors）：法律和监管主要是针对机构投资者而言的，与个人投资者关系不大。例如，美国的养老金要受“雇员退休收入保障法（ERISA）”约束，中国的保险公司要受保监会监管。

5. 特殊需求和偏好（unique circumstances）：是指对于投资策略的特别的限制。凡不能归于以上4点的，都归于这一条。例如，投资者要求不能投资于烟草行业，不能投资于军工企业，不能投资于环境污染严重的企业等。又例如，投资者持有的5万股IBM股票20年内不允许出售，因为这是其父亲的遗产。

【全真模拟】Which of the following constraints would most likely appear in the unique needs and preferences section of a trusts Investment policy statement? The portfolio is:

A. subject to the prudent - man standard

B. subject to income taxes of 40%

C. prohibited from investing in tobacco companies

【名师详解】选项 A 的谨慎人准则为法律和监管因素，选项 B 为税收的限制，选项 C 为特殊需求和偏好。特殊需求和偏好的通常例子是由于个人的道德因素而产生的限制，例如，要求不能投资于烟草行业、军工行业等。

【答案】C

战略资产配置

如前所述，投资政策陈述相当于投资者的无差异曲线，我们要将投资政策陈述结合客观的资本市场状况（相当于 CML 线），就可以确定投资者的战略资产配置（strategic asset allocation），也就是决定每一种资产类别在组合中的权重。

要做战略资产配置，首先要明确各种资产的类别。同类资产之间的收益率相关系数要大，以表示它们属于同类资产。不同类的资产之间的收益率相关系数相对较小，这样就可以通过资产组合来分散化风险。

资产的类别可以是粗略的分类，如股票、债券等；也可以是细分的，如大盘股、中盘股、小盘股等。

明确了各种资产的类别之后，就需要收集市场数据，以计算各类资产的期望收益率、收益率标准差、收益率相关系数。这样，就能通过计算机画出有效前沿或资本市场线（CML）。最后，才能结合投资政策陈述，作出战略资产配置。

战略资产配置仅仅决定了各种资产类别的权重，例如，股票40%，债券30%，房地产20%，现金10%。但是，战略资产配置并没有决定具体买哪些股票和债券。分析师负责证券选择（security selection），即决定具体买哪些资产。交易员负责选时（market timing），即决定买卖的时间。

CFA协会认为，战略资产配置至关重要，比证券选择和选时重要得多。因此，CFA培养的就是组合管理经理，投资组合管理是CFA考试的核心内容。

本章重要考点

考点一：掌握投资政策陈述的主要内容：投资目标和投资限制。

考点二：了解战略资产配置的概念及其与投资政策陈述的关系。

第二部分
CFA 二级组合管理

CFA 二级组合管理部分的考试占比为5% ~15%，即共1 ~ 3大题。但一般来说，考试中应出现两大题（12 小题）。它可以分为以下部分：

第一部分，包括一级部分的第二章（请参见第一部分的第二章投资组合管理理论）和下面的第四章。一级部分的第二章主要介绍了组合管理的三个理论模型，即马柯维茨的现代投资组合理论（modern portfolio theory，简称 MPT），威廉·夏普的资本市场理论（capital market theory）和资本资产定价模型（capital asset pricing model，简称 CAPM）。下面的第四章主要讨论要将上述三个模型应用在实践中所碰到的一些问题。

第二部分，包括第五章到第七章，统称为传统 CAPM 模型的扩展。其中第五章多因子模型和套利定价理论是将单因子的 CAPM 扩展为多因子的模型，第六章国际资产定价是将单个国家的 CAPM 扩展到有多个国家的情形，第七章主动投资组合管理理论是将主动投资组合加入传统的 CAPM 模型之中。

第三部分，为第八章组合管理步骤和投资政策陈述。这一章是定性的内容，主要概括了组合管理的方法和步骤，并详细阐述投资政策陈述（investment policy statement，简称 IPS）的主要内容。考生应熟练掌握个人投资者的投资政策陈述。

第四章 组合管理理论的实践应用

输入参数

马柯维茨的现代投资组合理论（MPT），威廉·夏普的资本市场理论（capital market theory）和资本资产定价模型（capital asset pricing model，简称 CAPM）都是基于均值-方差分析法框架下的模型。均值-方差分析法（mean-variance analysis）是指：我们要决定到底投资于什么样的投资组合（买哪些资产，以及各个资产的权重），只需要知道 3 件事情：（1）各个资产的期望收益率；（2）各个资产收益率的方差（或标准差）；（3）任何两个资产收益率的协方差（或相关系数）。

因此，如果要将上述三个模型应用到实践中，就必须取得以上三种输入参数（期望值、方差、协方差）。

以一个包含 500 个资产的资产组合为例，我们需要计算 500 个期望值，500 个方差（或标准差），以及 124750（$_{500}C_2 = \frac{500!}{498! \times 2!} = 124750$）个协方差（或相关系数）。

这些输入参数都需要通过历史数据代入相应的公式得出，这称为历史估计法（historical estimation）。显然，历史估计法过于麻烦，因为需要计算的协方差（或相关系数）太多，每一次计算协方差都需要使用历史数据。人们想出了一个相对简便的方法，称为市场模型。

市场模型

市场模型（market model）是一个线性回归模型，是用某个证券 i 的收益率作为因变量 Y，市场组合收益率作为自变量 X，做一元线性回归。模型如下：

$$R_i = \alpha_i + \beta_i R_M + \varepsilon_i$$

市场模型的前提假设与一元线性回归模型的前提假设类似，但 CFA 协会只说了 3 条：

1. 残差项的期望值为零。
2. 市场组合收益率与残差项不相关。
3. 残差项与残差项之间不相关。

仍然以一个包含 500 个资产的资产组合为例，我们需要用历史数据回归 500 次，可以得到 1500 个数值（500 个资产的 α，500 个资产的 β，以及 500 个资产的残差的方差 $\sigma^2(\varepsilon_i)$）。有了这 1500 个数值之后，我们还要计算市场组合的期望收益率 $E(R_M)$和市场组合收益率的方差 σ_M^2，随后就可以计算所有的输入参数了。计算公式如下：

1. 资产 i 的期望收益率：$E(R_i) = \alpha_i + \beta_i E(R_M)$
2. 资产 i 的收益率的方差：$\sigma_i^2 = \beta_i^2 \sigma_M^2 + \sigma^2(\varepsilon_i)$
3. 资产 i 和资产 j 的收益率的协方差：$\mathrm{cov}(i,j) = \beta_i \beta_j \sigma_M^2$

用市场模型计算输入参数，我们仍然需要计算 500 个期望值，500 个方差，以及 124750 个协方差。但是，我们不是用历史数据来计算它们的，而是用上面的公式相乘或相加得出的。在历史估计法下，每个输入参数都是用历史数据计算出来的，历史数据总共被用了 12 万多次。在市场模型方法下，历史数据总共被用了502次（500次回归，还有2次是计算市场组合的期望收益率和市场组合收益率的方差）。因此，我们说市场模型的方法比历史估计法简单，不是因为市场模型需要估计的输入参数少，而是因为市场模型使用历史数据的次数少。

很不幸，上述3个公式是需要背的。其中，第二个公式尤其重要，因为它告诉我们一个重要的道理：总风险 = 系统性风险 + 非系统性风险。

【全真模拟】Which of the following statements about market model is least likely to be correct?

A. The market model regresses a single asset return with the expected market return

B. The market model is better than the historical estimation method in parameter estimation because there are less parameters to be estimated in the market model method

C. The market model is a single factor model

【名师详解】市场模型是将单个资产的收益率与市场组合收益率做线性回归。因此选项A正确。

市场模型的方法比历史估计法简单，不是因为市场模型需要估计的输入参数少，而是因为市场模型使用历史数据的次数少。因此选项B错误。

市场模型是单因子模型，而非多因子模型。市场模型仅用一个因素（市场组合收益率的变化）来解释单个资产收益率的变化。因此选项C正确。关于多因子模型请参见下一章内容。

【答案】B

调整贝塔系数

用市场模型做回归可以得到资产的β系数，回顾一级中β系数的公式为：

$$\beta_i = \frac{\mathrm{cov}(R_i, R_M)}{\sigma_M^2} = \frac{\sigma_i}{\sigma_M} \times \rho_{i,M}$$

资产的β系数越大，即为系统性风险越大。β系数度量的是一个资产的收益率关于市场组合收益率变化的敏感度。市场组合的β系数等于1。

市场模型是用历史数据做回归的，因此以上方法得到的β系数称为历史β系数。但是，我们需要代入CAPM模型的β系数应该是未来投资期间内的β系数。那么，历史β系数是否等于未来的β系数呢？这就涉及到β系数是否稳定。如果β系数稳定，那么用历史β系数来代替未来β系数问题不大；如果β系数不稳定，那么用历史β系数来代替未来β系数就很成问题。

经过实证研究发现，β系数并不稳定。在短期内，β系数相对比较稳定，但在长期内就不太稳定。单个资产的β系数不太稳定，资产组合的β系数相对比较稳定。因此，用历史β系数来直接代替未来β系数就不是很好，我们需要对历史β系数作一些调整，才能代入CAPM模型，当作未来β系数使用。

调整历史β系数的方法就是一阶自回归模型AR（1）。公式如下：

$$\beta_t = b_0 + b_1\beta_{t-1} + \varepsilon_t$$

由于市场组合的β系数等于1，这意味着资产的β系数平均来说等于1。因此，上述自回归模型在实践应用中，常把均值回复水平（mean reverting level）设为1，即：

$$\frac{b_0}{1-b_1} = 1 \text{ 或 } b_0 + b_1 = 1$$

关于自回归模型和均值回复水平的详细内容请参见定量方法部分。

资本资产定价模型的有效性

资本资产定价模型（CAPM）有两条至关重要的前提假设：(1) 投资者可以以无风险收益率无限借贷；(2) 没有卖空限制，且卖空所得可以全部得到并再投资。

正是因为有了这两条不合实际的假设，才有了两条推论：(1) 市场组合是有效组合（即市场组合位于有效前沿上）；(2) 资产的期望收益率和其 β 系数之间是线性关系（即 SML 线是直线）。

如果没有这两条假设，就没有这两条推论。首先，市场组合可能不是有效组合（即市场组合可能位于有效前沿的下方，当然也可能还是位于有效前沿上）。其次，资产的期望收益率和其 β 系数之间不一定是线性关系（即 SML 线可能是直线，也可能不是直线）。

在 CAPM 模型下，所有投资者都应当购买无风险资产和市场组合，投资者对风险的态度，只会影响投入无风险资产和市场组合的权重，这称为分离定理（separation theorem）。但如果没有这两条假设，投资者就并不是全都分散化投资了。更加厌恶风险的投资者仍然分散化投资，即持有很多种资产，但低风险低收益资产的权重应加大，高风险高收益资产的权重应减少。没有那么厌恶风险的投资者不做分散化投资，即持有的资产种类不多，而且都集中在高风险高收益的资产上。

本章重要考点

考点一：了解市场模型的含义，会使用市场模型计算资产的期望收益率、方差和协方差。

考点二：使用自回归模型调整历史 beta 系数。

考点三：了解资本资产定价模型的有效性。

第五章　多因子模型和套利定价理论

多因子模型

市场模型是一个单因子模型，它认为资产的收益率只与一个因素（市场组合的收益率）有关。多因子模型（multifactor model）试图用多种因素来解释资产收益率的变化。

多因子模型分为三类：

1. 宏观经济因子模型（macroeconomic factor model）：用宏观经济变量来解释资产收益率的变化。

2. 基本面因子模型（fundamental factor model）；用微观的公司基本面变量来解释资产收益率的变化。

3. 统计因子模型（statistical factor model）：以一些高级统计方法，如因子分析、聚类分析等，来解释资产收益率的变化。

CFA 考试只讨论前两类多因子模型，即宏观经济因子模型和基本面因子模型。

宏观经济因子模型

宏观经济因子模型是多元回归模型，它是用宏观经济变量未预期的变化（surprise）来解释资产收益率的变化。我们可以通过一个简单的例子来讲述宏观经济因子模型。

以下是一个二因子模型：

$$R_i = E(R_i) + b_{i1}F_{GDP} + b_{i2}F_{INT} + \varepsilon_i$$

首先，这里的 F_{GDP} 表示 GDP 增长率的未预期的变化（GDP surprise），即为实际值减去预期值。例如，2010 年 GDP 实际增长率为 8%，预期增长率为 5%，则 F_{GDP} 应为 3%。同样的，F_{INT} 为利率的未预期的变化（interest rate surprise）。这两个 F 相当于市场模型中的 R_M，称为定价的风险因子（priced risk factors），表示这两个因素会影响资产的收益率（即影响资产价格）。这两个 F 都是用历史数据算出来的。

其次，两个定价的风险因子前面的斜率 b_{i1} 和 b_{i2} 分别是所对应风险因子的因子敏感度（factor sensitivities），它们是回归需要估计的斜率系数，相当于市场模型中的 β 系数。

最后，回归的截距系数为资产的期望收益率 $E(R_i)$。根据宏观经济因子模型，如果宏观经济变量都等于预期值（即没有未预期的变化），那么资产当期的收益率就等于其期望收益率。换言之，资产当期的收益率不等于其期望收益率的原因，是由于宏观经济变量出现了未预期的变化。

基本面因子模型

基本面因子模型也是多元回归模型，它是用微观的公司基本面变量的变化来解释资产收益率的变化。我们可以通过一个简单的例子来讲述基本面因子模型。

以下是一个二因子模型：

$$R_i = \alpha_i + b_{i1}F_{P/E} + b_{i2}F_{CAP} + \varepsilon_i$$

首先，这里的 $F_{P/E}$ 表示由于市盈率（P/E ratio）的不同会造成证券收益率的差异。例如，市盈率相差 2，收益率平均会相差多少。这需要通过回归来估计，因此它是回归的斜率。同样的，F_{CAP} 表示市值的不同会造成证券收益率有多少不同。这两个 F 称为因子收益率（factor returns），是回归需要估计的斜率系数。

其次，两个因子收益率前面的系数 b_{i1} 和 b_{i2} 称为标准化的敏感度（standardized sensitivities），它们是通过数据算出来的。以 b_{i1} 为例，它是 $F_{P/E}$ 的敏感度：

$$b_{i1}=\frac{P/E_i-\overline{P/E}}{\sigma_{P/E}}$$

b_{i1} 等于资产 i 自己的市盈率，减去市场上所有资产的平均市盈率，除以市场上所有资产的市盈率的标准差。它有点类似于正态分布的标准化，因此称为标准化的敏感度。

最后，回归的截距系数 α_i 是一个有代表性资产的期望收益率。根据基本面因子模型，如果一个资产的基本面数据都等于市场平均数据（市盈率等于平均市盈率，市值等于平均市值），那么该资产就是一个“有代表性的资产”，它的期望收益率就等于截距系数。换言之，资产的收益率不等于有代表性资产的期望收益率的原因，是由于基本面数据不一致所致。

宏观经济因子模型和基本面因子模型的对比

宏观经济因子模型和基本面因子模型只要定性掌握即可，其对比见表 5-1：

表 5-1　宏观经济因子模型与基本面因子模型对比表

	宏观经济因子模型	基本面因子模型
截距	资产 i 的期望收益率	有代表性资产的期望收益率
敏感度 b	因子敏感度 回归出来的	标准化的敏感度 算出来的
因子 F	定价的风险因子 算出来的	因子收益率 回归出来的

套利定价理论

由于 CAPM 模型的前提假设多与现实不符，这削弱了 CAPM 对现实经济的解释能力。因此，罗斯（Stephen Ross）于 1976 年创立了套利定价理论（arbitrage pricing theory，简称 APT），作为 CAPM 的代替。

套利定价理论的前提假设：

1. 资产的收益率可以由多种因素解释；

2. 有足够数量的资产，因此非系统性风险可以被分散化；

3. 完全分散化的资产组合没有套利机会。

套利定价理论的理论基础为一价定律（law of one price），即同样的资产应该有同样的价格，否则就会存在套利机会。而套利行为又会使得价格趋于一致，这就保证了市场均衡的实现。套利定价理论的前提假设比 CAPM 更加实际，从而比 CAPM 具有更强的现实解释能力。

$$E(R_p) = R_f + \lambda_1\beta_1 + \lambda_2\beta_2 + \cdots + \lambda_k\beta_k$$

其中，β 是影响资产收益率的因素，反映了资产所包含的由 k 个风险因子所描述的风险。同时，这些因素对所有资产而言都是共同的，它们反映了系统性风险。

λ 描述的是资产 i 对因子 k 的敏感度（或称为资产 i 所包含的第 k 个因子风险的大小），称为资产 i 对因子 k 的因子风险溢价（factor risk premium）。

APT 是比 CAPM 更为一般的资产定价模型。APT 是一个多因子模型，它假设均衡中的资产收益率取决于多个不同的外生因素，而 CAPM 中的资产收益率只取决于单一的市场组合因素。从这个意义上看，CAPM 只是 APT 的一个特例。

但是 APT 并没有指明是哪些风险因子影响了资产价格，甚至没有指明共有几个风险因子影响了资产价格，这是 APT 的一个不足之处。

【全真模拟】Which of the following statements about the assumptions of the Arbitrage Pricing Theory is least accurate?

A. Returns are described by a factor model

B. Investors can construct portfolios that eliminate unsystematic risk

C. It is possible for investors to arbitrage among well diversified portfolios

【名师详解】本题考的是套利定价理论的 3 条前提假设：（1）资产的收益率可以由多种因素解释；（2）有足够数量的资产，因此非系统性风险可以被分散化；（3）完全分散化的资产组合没有套利机会。它们分别对应选项 A、B 和 C。

其中选项 C 说完全分散化的资产组合有套利机会，因此 C 错误。

【答案】C

纯因子组合与循迹组合

如果我们可以构造一个资产组合，这个组合只有一个 λ 等于 1，其他所有 λ 都等于 0，称为纯因子组合（pure factor portfolio）。也就是说，这个资产组合只与一个风险因素有关，与其他风险因素均无关。

如果我们可以构造一个资产组合，这个组合的所有 λ 都等于某个基准指数（如标准普尔 500 指数）的所有对应的 λ，则称为循迹组合（tracking portfolio）。也就是说，这个资产组合的系统性风险与基准指数一致（但是非系统性风险不一致）。

【全真模拟】Aoi Nakamura is an analyst at Nomura Investment

Bank. He wants to analyze data to explain and forecast the portfolio returns using arbitrage pricing theory (APT). Nakamura begins by collecting 3 years of monthly data including: 1) surprise in GDP growth (GDP) and 2) surprise in inflation (INF) to use in explaining portfolio returns. He estimates a two – factor APT model and obtains the results shown in Exhibit 1.

Exhibit 1

Results – Two – factor APT Model

Dependent Variable is the Portfolio Return

Portfolio	Sensitivity to GDP Factor	Sensitivity to Inflation Factor
S	1.0	0.7
T	1.4	-0.5

Nakamura shares his results with Emily Richardson, his supervisor. She is interested in computing forecasted portfolio returns given her expectations for factor prices and the risk free rate shown in Exhibit 2. She also wants to know the expected return for a new portfolio that will be comprised of equal parts of Portfolios S and T.

Exhibit 2

Expected Risk – free Rate and Factor Prices

Risk – free Rate of Return	4.0%
Factor	**Factor Price**
Surprise in GDP Growth	2.0%
Surprise in Inflation	-3.5%

1) The model estimated in Exhibit 1 is most accurately described as a:

A. statistical factor model

B. factor sensitivity model

C. macroeconomic factor model

【名师详解】表1中所使用的APT模型用宏观经济变量未预期的变化（surprise）来解释资产收益率的变化。因此它可以归结为宏观经济因子模型。

【答案】C

2）Given the model estimated in Exhibit 1, the expected return on Portfolio S is closest to：

A. 3.55%

B. 4.50%

C. 5.85%

【名师详解】根据APT的公式：

$E(R_p) = R_f + \lambda_1\beta_{GDP} + \lambda_2\beta_{INF} = 4\% + 2\% \times 1 + (-3.5\%) \times 0.7 = 3.55\%$

【答案】A

3）Given the model estimated in Exhibit 1, the expected return on Richardson's new portfolio combining Portfolios S and T is closest to：

A. 5.55%

B. 6.05%

C. 7.15%

【名师详解】Richardson要构造一个新的资产组合，S和T的权重各占50%。那么，新组合的beta系数也等于S和T的相应beta系数的加权平均，权重各为50%。根据APT的公式：

$E(R_p) = R_f + \lambda_1\beta_{GDP} + \lambda_2\beta_{INF} = 4\% + 2\% \times (1+1.4)/2 + (-3.5\%) \times (0.7-0.5)/2 = 6.05\%$

【答案】B

本章重要考点

考点一：区别宏观经济因子模型和基本面因子模型。

考点二：了解套利定价理论与资本资产定价模型的区别和优缺点。

第六章　国际资产定价

国际资本市场的整合与分割

我们前面所学的资本资产定价模型是传统的一个国家的资本资产定价模型（domestic CAPM）。在这一章中，我们要讨论把一个国家的 CAPM 扩展到有多个国家（多种货币）的情形。因此，我们首先要讨论国际资本市场是整合的还是分割的。如果国际资本市场是整合的，资本可以在国家间自由流动，从而使相同风险的资产在不同国家有相同的价格，那么我们就有必要把一个国家的 CAPM 扩展到有多个国家的情形；如果国际资本市场是割裂的，资本无法通过错误定价来国家间套利，从而使得各国间相似资产的价格不同，那么各个国家都有各自的 CAPM，而没有一个多国统一的 CAPM。

从实证来看，国际资本市场是分割的，因为资本在国际自由流动会受到许多阻碍，主要包括：

1. 心理障碍（psychological barriers）：对外国资本市场的不熟悉会限制投资者对国外投资。

2. 法律限制（legal restrictions）：一国政府可能会限制本国投资者对国外投资，以及限制外国投资者对本国投资。

3. 交易成本（transaction costs）：国际投资的交易成本较高。

4. 歧视性税收（discriminatory taxation）：一国政府可能会对外国投资者征的税比对本国投资者的税高。

5. 政治风险（political risks）：外国政府的行为可能会改变对外投资的价值，例如，政府征收或罚没外国投资者的资产，限制外汇离境等。

6. 外汇风险（foreign currency risks）：投资于以外汇计价的资产存在汇率风险。

虽然存在着这些阻碍资本自由流动的因素，但是只要有足够多的投资者可以在国际自由投资，国际资本市场就算是整合的。现今，存在着许多活跃于国际的机构和私人投资者，几乎所有的大公司都是跨国公司，公司和政府也在国际大量借贷。因此，我们仍然有必要把一个国家的 CAPM 扩展到有多个国家的情形。

推广的 CAPM

在一级中所学的资本资产定价模型是在封闭条件下（即只存在国内市场）的 CAPM，它在一系列严格的限制条件下提供了证券的均衡收益率。封闭的 CAPM 可以得到两个基本结论：

1. 分离定理（separation theorem）：所以的投资者都会持有一些无风险资产和市场组合。

2. 风险定价关系：在均衡状态下，所有资产的期望收益率为：

$$E(R_i) = R_f + \beta_i \times MRP$$

其中：$E(R_i)$为资产的期望收益率，R_f 为无风险收益率，β 为资产的 beta 系数，MRP 为市场风险溢价（即 $E(R_M) - R_f$，其中的 $E(R_M)$为市场组合的期望收益率）。

我们现在将封闭的 CAPM 扩展到国际市场，称为推广的

CAPM（extended CAPM）。推广的 CAPM 与封闭的 CAPM 的风险定价关系是一样的：

$$E(R_i) = R_f + \beta_i \times MRP$$

在推广的 CAPM 中，无风险收益率还是国内的无风险收益率，但是市场组合变成了世界范围内的风险资产以市值权重加权的资产组合（market capitalization - weighted portfolio of all risky assets in the world）。

封闭的 CAPM 已经有 7 条不合实际的前提假设，推广的 CAPM 还需要新增两条更加不合实际的前提假设：

1. 全世界所有的投资者购买的东西都是相同的。

2. 购买力平价（PPP）在任何时间点都是成立的。

这两条前提假设使得汇率变化仅反映各国通货膨胀的差距，而不存在实际汇率风险。

各位考生应注意，推广的 CAPM 并不是 CFA 的主要考点，因为：（1）推广的 CAPM 模型与封闭的 CAPM 模型基本一样；（2）推广的 CAPM 需要新增两条非常不合实际的前提假设。因此，推广的 CAPM 并无太大的实际意义。我们这一章的目的是，希望最好能够不新增任何前提假设，而把封闭的 CAPM 扩展到国际范围，这就是国际 CAPM。

国际 CAPM

国际 CAPM 模型概述

国际 CAPM（International CAPM，简称 ICAPM）是把封闭的 CAPM 扩展到国际范围，但不新增任何不切实际的前提假设。国际 CAPM 仅新增一条前提假设：投资者关心的收益率是以本国货币计价的收益率。此外，由于汇率风险的存在，对投资者而言，完全无风险的资产只有本国的无风险资产，而别国的无风险资产都存在汇率风险。

值得一提的是，推广的 CAPM 新增的两条更加不合实际的前提假设，对国际 CAPM 来说是不需要的。

国际 CAPM 的风险定价关系比 CAPM 更复杂，因为要增加额外的各个外汇风险溢价。ICAPM 的模型为：

$$E(R_i) = R_f + \beta_g \times MRP_g + \gamma_1 \times FCRP_1 + \gamma_2 \times FCRP_2 + \cdots + \gamma_k \times FCRP_k$$

其中：$E(R_i)$为资产的以本币计价的期望收益率。R_f 为本国的无风险收益率。MRP_g 为世界市场风险溢价（即 $E(R_M) - R_f$，其中的 $E(R_M)$为世界市场组合的期望收益率）。β_g 为资产以本币计价的收益率对世界市场组合收益率的敏感度。$FCRP_1$ 到 $FCRP_k$ 分别为 k 种外汇的外汇风险溢价。γ_1 到 γ_k 分别为资产以本币计价的收益率对 k 种外汇汇率变化的敏感度。k 是外汇的数量，表示有几种外汇。

ICAPM 告诉我们，资产以本币计价的收益率等于投资者本国的无风险收益率，加上世界市场风险溢价乘以 β_g，加上各个外汇风险溢价乘以 γ_k。

容易理解，ICAPM 和封闭的 CAPM 有两点不同：

1. 相关的市场风险是世界市场风险。
2. 增加了资产对外国货币的风险溢价。

【全真模拟】Albert is a U. S. investor who is considering investments in the German（Stocks A）and Swiss（Stocks B）stock markets. The world market risk premium is 4. 0 percent. The currency risk premium on the Swiss franc is 1. 5 percent, and the currency risk premium on the euro is 2. 0 percent. The interest rate on one – year risk – free bonds is 3. 0 percent in the United States. In addition, you are provided with the following information：

Stock	A	B
Country	Germany	Switzerland
β_g	0.8	1.5
γ_{EURO}	0.9	-0.2
γ_{CHF}	0.7	1.0

The expected returns for stock A and B are：

stock A　　stock B

A. 9.85%　　9.25%

B. 10.3%　　8.85%

C. 9.05%　　10.1%

【名师详解】根据 ICAPM 的公式：

$E(R_i)=R_f+\beta_g\times MRP_g+\gamma_{EURO}\times FCRP_{EURO}+\gamma_{CHF}\times FCRP_{CHF}$

因此，$E(R_A)=3\%+0.8\times4\%+0.9\times2\%+0.7\times1.5\%=9.05\%$

$E(R_B)=3\%+1.5\times4\%+(-0.2)\times2\%+1\times1.5\%=10.1\%$

【答案】C

以本币计价的资产收益率

我们假设本国投资者到外国投资于外币计价的资产。以 DC 表示本国货币（domestic currency），以 FC 表示外国货币（foreign currency）。那么，资产以本币计价的价值就等于以外币计价的资产价值乘以即期汇率 S，汇率为直接标价法（DC/FC）：

$$V_{DC}=V_{FC}\times S$$

那么，以本币计价的资产收益率就等于期末价值减去期初价值，再除以期初价值：

$$R_{DC}=\frac{V_{DC,1}-V_{DC,0}}{V_{DC,0}}$$

以本币计价的资产收益率也约等于以外币计价的资产收益率

加上汇率变化率：

$$unhedged\ R_{DC} \approx R_{FC} + \Delta\%S$$

其中：以外币计价的资产收益率 $R_{FC} = \dfrac{V_{FC,1} - V_{FC,0}}{V_{FC,0}}$

汇率变化率 $\Delta\%S = \dfrac{S_1 - S_0}{S_0}$

unhedged 表示没有通过外汇远期合约对冲汇率风险，因此资产收益率受到汇率变化影响，汇率变化率公式中的 S_1 是一年以后的即期汇率，对投资时刻（0 时刻）来说，它是一个未知变量。

如果通过外汇远期合约对冲汇率风险，假设合约约定的远期汇率为 F，那么以本币计价的资产收益率变为：

$$hedged\ R_{DC} \approx R_{FC} + \frac{F - S_0}{S_0}$$

我们可以通过一个简单的例子来理解。假设一个美国投资者到英国投资 100 万英镑购买股票，则美元为本币，英镑为外币。如即期汇率为 2 美元/英镑，则 100 万英镑的股票价值也等于 200 万美元。

假如一年以后，股票价格从 100 万英镑上涨到 120 万英镑，即以外币计价的资产收益率为 20%。一年以后即期汇率为 2.2 美元/英镑，即英镑升值 10%。那么（未对冲的）以本币计价的股票收益率约为 30%（=20% +10%）。

外汇风险溢价

外汇风险溢价的一般公式

所谓外汇风险溢价（foreign currency risk premium，简称 FCRP 或 SRP），就是承担汇率风险所给予的风险补偿。那么，外汇风险溢价究竟该如何计算呢？

根据定义，任何资产的风险溢价都等于该资产的期望收益率减去无风险收益率：

$$RP = E(R) - R_f$$

因此，外汇风险溢价也等于资产的期望收益率减去无风险收益率。但是需要注意，资产的期望收益率是以本币（DC）计价的收益率，无风险收益率是投资者本国的无风险收益率。

$$FCRP = E(R_{DC}) - r_{DC}$$

根据（未对冲的）以本币计价的资产收益率公式：$unhedged\ R_{DC} \approx R_{FC} + \frac{S_1 - S_0}{S_0}$，其期望值 $E(R_{DC}) \approx r_{FC} + \frac{E(S_1) - S_0}{S_0}$。将其代入上述 $FCRP$ 的公式，得：

$$FCRP = \frac{E(S_1) - S_0}{S_0} - (r_{DC} - r_{FC})$$

该公式告诉我们，外汇风险溢价等于预期的汇率变化率减去两国利率差。

利率平价理论成立下的公式

如果利率平价理论（IRP）成立的话，那么远期利率升水或贴水约等于两国利率差：

$$\frac{F - S_0}{S_0} \approx r_{DC} - r_{FC}$$

将其代入上述 $FCRP$ 的公式，得：

$$FCRP = \frac{E(S_1) - F}{S_0}$$

该公式告诉我们，外汇风险溢价等于预期的即期汇率减去远期汇率，再除以即期汇率。

对外汇风险溢价的讨论

在上式中，$E(S_1)$ 为预期的即期汇率，表示如果不通过外汇远期合约对冲汇率风险，平均可以得到多少本币。F 为外汇远期合约约定的远期汇率，表示如果通过外汇远期合约对冲汇率风险，可以得到多少本币。

如果 $E(S_1) > F$，则 $FCRP > 0$。这意味着不通过外汇远期合约对冲汇率风险平均可以得到的钱，比通过远期合约对冲风险得到的钱要多。即意味着承担外汇风险有正的风险补偿。

如果 $E(S_1)<F$，则 $FCRP<0$。这意味着不通过外汇远期合约对冲汇率风险平均可以得到的钱，比通过远期合约对冲风险得到的钱要少。即意味着承担外汇风险有负的风险补偿。

如果 $E(S_1)=F$，则 $FCRP=0$。这意味着不通过外汇远期合约对冲汇率风险平均可以得到的钱，与通过远期合约对冲风险得到的钱一样多。即意味着承担外汇风险没有任何风险补偿。

在实践中，汇率风险是难以通过外汇远期合约对冲的，因为投资者无法预先知道投资的资产在未来的外币计价的价格，也就难以确定外汇远期合约的名义本金量。

汇率敏感度

如前所述，γ_1 到 γ_k 分别为资产以本币计价的收益率对 k 种外汇汇率变化的敏感度。与 β 一样，ICAPM 里的 γ 也可以通过回归得到。我们将资产以本币计价的收益率（R_{DC}）作为因变量 Y，将某种外汇的汇率变化率（$\Delta\% S$）作为自变量 X，一元线性回归所得到的斜率系数即为该外汇对应的 γ 系数。

假设一个美国投资者到英国投资 100 万英镑购买某股票，则美元为本币，英镑为外币。股票在伦敦证交所上市，其报价为英镑标价。股票每年都有一个以英镑计价的收益率（可以直接在伦敦证交所查询到），英镑兑美元的汇率每年也有变化率（可以直接在外汇市场查询到）。要估计 γ 系数，我们首先必须要根据历史汇率把所有以英镑计价的收益率换算成以美元计价的收益率，才能与汇率变化率做回归，回归所得斜率系数即为该股票以美元计价的收益率对英镑汇率变化的敏感度 γ。如果 $\gamma=3$，则表示英镑升值（贬值）1%，该股票以美元计价的价值就上升（下降）3%。

通过这种直接的方法估计 γ 系数比较麻烦，因为首先必须要根据历史汇率把所有以英镑计价的收益率换算成以美元计价的收益率，工作量比较大。我们可以采取一种变通的方法，我们直接用以英镑计价的股票收益率（R_{FC}）与汇率变化率做回归，回归所得斜率系数即为该股票以英镑计价的收益率对英镑汇率变化的敏感度，记为$\gamma(FC)$。如果$\gamma(FC)=3$，则表示英镑升值（贬值）1%，该股票以英镑计价的价值就上升（下降）3%。随后我们只需将$\gamma(FC)$加上1，即得到我们要求的γ系数：

$$\gamma=\gamma(FC)+1$$

这是因为，根据公式：$unhedged\ R_{DC}\approx R_{FC}+\Delta\%S$，表明资产以本币计价的收益率（$R_{DC}$）与以外币计价的收益率（$R_{FC}$）之间只相差汇率变化率。如汇率变化1个单位，外币计价的收益率就变化$\gamma(FC)$个单位，那么本币计价的收益率就变化$\gamma(FC)+1$个单位。

如果$\gamma(FC)>0$，表示外币升值（贬值）的话，以外币计价的资产价值就要上升（下降）。例如，美国投资者投资于一家英国的进口贸易公司，当英镑升值，该公司的进口成本就下降，对公司有利，公司股价往往要上涨。如果$\gamma(FC)=3$，则表示英镑升值1%，该公司股票以英镑计价的价值就上升3%。而投资者关心的是以本币（美元）计价的收益率，美元计价的收益率为4%（=3%+1%）。

如果$\gamma(FC)<0$，表示外币升值（贬值）的话，以外币计价的资产价值就要下降（上升）。例如，美国投资者投资于一家英国的出口贸易公司，当英镑升值，该公司的生产成本（出口成本）就上升，对公司不利，公司股价往往要下跌。如果$\gamma(FC)=-3$，则表示英镑升值1%，该公司股票以英镑计价的价值就下降3%。而投资者关心的是以本币（美元）计价的收益率，美元计价的收益率为-2%（=-3%+1%）。

如果$\gamma(FC)=0$，则表示外币升值或贬值对于以外币计价的资产价值没有影响。即$\gamma(FC)=0$，表示英镑升值1%，该股票以英镑计价的价值不变。而投资者关心的是以本币（美元）计价的收益率，美元计价的收益率为1%（=0% +1%）。

汇率风险敞口

汇率对国家经济的影响

传统的模型认为，从长期来说，本币贬值会促进出口，增加国家的竞争力。但是从短期来看，已经签订的外贸合同无法更改，本币贬值会导致进口成本增加，导致贸易逆差。币值在短期和长期对净出口（等于出口减去进口）的影响的图像被称为J曲线（J curve），如图6-1所示：

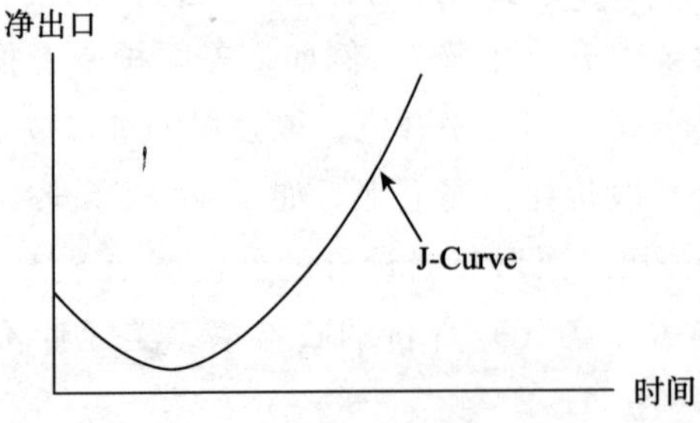

图6-1 J曲线

J曲线的结论是：本币贬值对国家经济短期有害，长期有利。

汇率对股票市场的影响

汇率对股票市场的影响有两个模型，称为传统模型和货币需求模型。

传统模型（traditional model）适用于发达国家，传统模型认为，本币贬值造成国家经济长期增长，因此股市上涨。所以，汇率与股价是负相关的（见图6－2）。

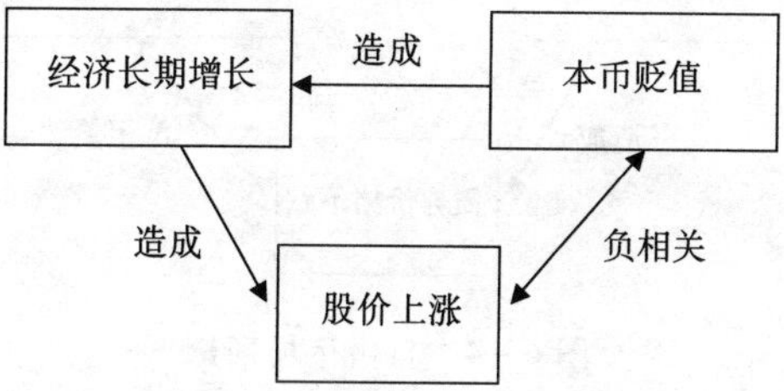

图6－2　发达国家的传统模型

货币需求模型（money demand model）适用于发展中国家，货币需求模型认为，一国经济的增强会导致对该国货币需求的增加，需求的增加会导致货币的升值。同时经济的增强也会导致股市上涨。所以，汇率与股价是正相关的（见图6－3）。

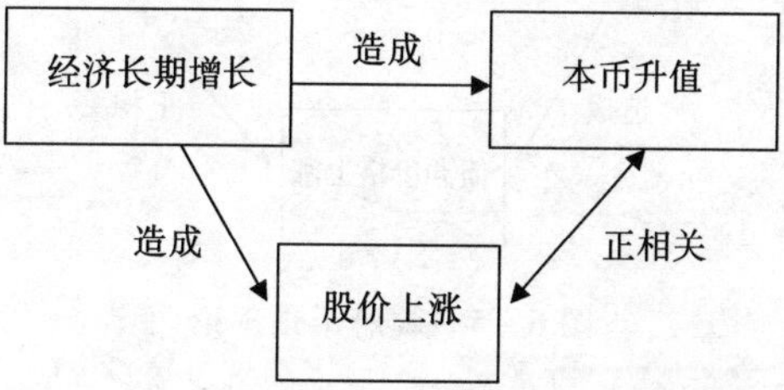

图6－3　发展中国家的货币需求模型

汇率对债券市场的影响

汇率对债券市场的影响也有两个理论，称为自由市场理论和政府干预理论。

自由市场理论（free market theory）认为，国内实际利率的增长会导致资本由国外流入国内，因此对本国货币需求增加，本币升值。同时，利率上升使债券价格下跌。所以，汇率与债券价格是负相关的（见图6－4）。

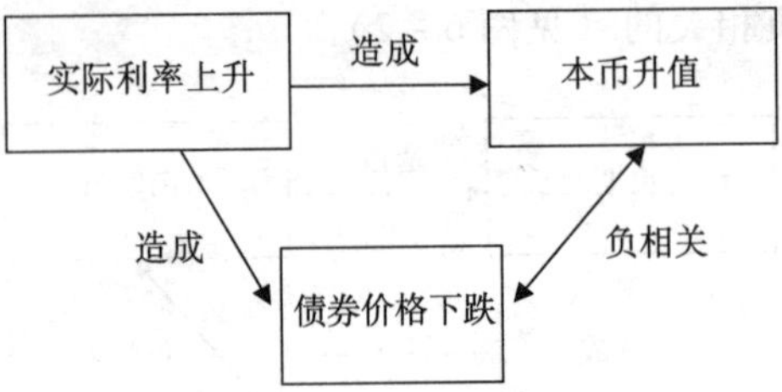

图 6－4　自由市场理论

政府干预理论（government intervention theory）假设了政府的干预行为。该理论认为，本币升值会造成国外热钱涌入，政府会降低实际利率以应对，利率下降导致债券价格上涨。所以，汇率与债券价格是正相关的（见图 6－5）。

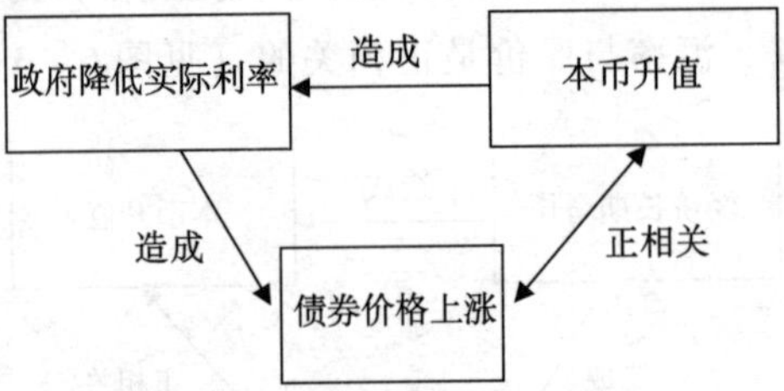

图 6－5　政府干预理论

本章重要考点

考点一： 了解推广的 CAPM 新增的两条前提假设。

考点二： 应用国际 CAPM 的风险定价关系计算资产的期望收益率。

考点三： 了解外汇风险溢价的含义。

考点四： 了解汇率敏感度的含义。

考点五： 利用 J 曲线解释汇率对国家经济的影响。

考点六： 利用传统模型和货币需求模型解释汇率对股票市场的影响。

考点七： 利用自由市场理论和政府干预理论解释汇率对债券市场的影响。

第七章　主动投资组合管理理论

主动投资的收益和风险

投资策略可以分为被动投资和主动投资两种。被动投资（passive investment）是模拟指数的投资，而主动投资（active investment）则需要做资产选择，也就是买入价格低估的资产，卖空价格高估的资产。

例如，我们投资于标准普尔500指数，就是投资于500个股票，而且还是以市值权重来分配资金。从理论上说，我们的收益率就应该等于标准普尔500指数收益率。但如果我们是主动投资的，那么每年的收益率就不大可能正好等于标准普尔500指数收益率。我们可以将每年投资的实际收益率减去基准指数（标准普尔500指数）当年的收益率，就称为主动投资的收益率（active return）。

$$active\ \ return = R_p - R_B$$

显然，如果采取被动投资策略，那么从理论上说，每年的主动投资收益率都为0。如果采取主动投资策略，每年的主动投资收益率可能大于或小于0。当然，主动投资收益率越大越好。

我们还可以计算主动投资收益率的标准差，就称为主动投资的风险（active risk）。显然，如果采取被动投资策略，那么从理论上说，主动投资的风险为0。如果采取主动投资策略，主动投资的风险大于0。主动投资的风险相当于非系统性风险。

将主动投资的平均收益率除以主动投资的风险，称为信息比率（information ratio，简称 IR）。

$$IR = \frac{average\ \ active\ \ return}{active\ \ risk} = \frac{\overline{R_p} - \overline{R_B}}{s_{(R_p - R_B)}}$$

信息比率常用于绩效评估中，信息比率越大越好。如果投资者的信息比率大于0，则意味着投资者的投资收益率比基准指数高。

从理论上说，如果市场是有效的，那么投资者的收益率不可能总是比市场平均收益率高，即不能总是击败市场（cannot always beat the market）。那么信息比率就应该趋近于0。

在实际中，主动投资者的信息比率应大于0，否则即意味着做主动投资还不如被动投资。

【全真模拟】Gloria，CFA，computes information ratios for Portfolios A and B equal to 0. 57 and 0. 78，respectively. The most appropriate conclusion regarding the performance of the two portfolios is that，relative to Portfolio A，Portfolio B experienced：

A. less active risk

B. more risk per unit of return

C. superior risk - adjusted performance

【名师详解】信息比率为主动投资的平均收益率除以主动投资的风险。信息比率越大，则投资的（经过风险调整的）绩效越高。因此选项 C 正确。

选项 A 说 B 组合的主动投资的风险小，仅有信息比率数据难以判断主动投资的风险谁大谁小。选项 B 说 B 组合单位收益承担的风险较大，这是说反了，应当是 B 组合承担单位风险获得的收益较大（more return per unit of risk）。

【答案】C

主动投资组合管理的必要性

根据传统的组合管理理论（资本市场理论和CAPM模型），投资者应该投资于无风险资产和市场组合，才能做到将非系统性风险完全分散化。市场组合可以用标准普尔500指数代替，因此，传统的组合管理理论教育我们要模拟指数投资，把世界上所有的资产都买齐，这是被动投资策略。

被动投资策略不需要给资产定价，因此任何人都可以做到，它不需要有金融知识。如果投资者都被动投资，那么就不需要基金经理，不需要分析师，不需要学习金融，也不需要学习CFA课程。于是，金融从业人员就急了，他们迫切需要一个与传统的组合管理理论不同的理论，一个主动投资的组合管理理论，来显示他们存在的意义。在后文中，特雷诺（Treynor）和布莱克（Black）决心承担起历史的使命，要为金融从业人员创造一个主动投资的组合管理理论。

在做理论模型之前，金融从业人员们首先要说服投资者，主动投资是有好处的。说服人的方法无外乎摆事实和讲道理两种：

1. 摆事实：从经验的角度来看，确实有一些人的收益率总是高于市场平均收益率。这说明主动投资策略可以获得更高的收益率。

2. 讲道理：如果所有投资者都被动投资，没有人给资产定价以获得套利所得，那么资产的价格就会趋于不合理。当资产的价格越来越不合理的时候，主动投资策略就有了用武之地，因为有了套利机会。那么就会有越来越多的投资者去主动投资。主动投资行为会促使资产价格回归其公允价值，也就没有了套利机会，那么主动投资的人就会越来越少。当所有投资者都被动投资，资产的价格就又趋于不合理，又给予主动投资策略用武之地。

Treynor – Black 模型

如前所述，Treynor 和 Black 决心承担起历史的使命，要为金融从业人员创造一个主动投资的组合管理理论。

Treynor – Black 模型建立在资本市场理论的基础上，但假设市场接近有效。接近有效是指市场并非完全有效，即资产定价并非全都合理。有个别资产的定价错误，但定价错误的资产数量较少。

Treynor – Black 模型的目标是创造一个包含被动投资组合和主动投资组合的投资组合。主动投资组合中包含所有被错误定价的资产。

Treynor – Black 模型的具体步骤如下：

第一步：画出有效前沿和资本市场线（CML），找到被动投资的市场组合 M。

第二步：找出被错误定价的那几个资产。找的方法是估计所有资产的詹森 α（Jensen's alpha），它等于资产的（分析师预期的）收益率减去（CAPM 所确定的）必要收益率，即：

$$\alpha_p = R_p - E(R_p)$$

如果一个证券定价合理，它的詹森 α 值为 0。如果一个证券价格被低估（收益率被高估），它的詹森 α 值大于 0。如果一个证券价格被高估（收益率被低估），它的詹森 α 值小于 0。因此，根据前提假设，大多数的资产的詹森 α 值都为 0，只有极个别资产的詹森 α 值不等于 0，我们要找到那几个资产。

第三步：确定各个定价错误的资产在主动投资组合 A 中的权重。资产 i 的权重的公式为：

$$w_i = \frac{\dfrac{\alpha_i}{\sigma^2(\varepsilon_i)}}{\sum_{j=1}^{n} \dfrac{\alpha_j}{\sigma^2(\varepsilon_j)}}$$

权重的公式不需要背，但需要理解。分子上$\frac{\alpha_i}{\sigma^2(\varepsilon_i)}$称为资产 i 的信息比率，因为 α_i 是资产 i 的詹森 α，它是主动投资才能获得的收益率，而 $\sigma^2(\varepsilon_i)$ 表示非系统性风险（请回忆市场模型），即主动投资的风险。为什么这个公式与之前的信息比率的公式不一样？因为之前的信息比率的公式称为“事后的信息比率”，它是用历史数据来计算的信息比率；而这个信息比率的公式称为“事前的信息比率”，它是需要用回归模型（市场模型）估计的信息比率。如果资产 i 价格被低估（收益率被高估），它的信息比率大于 0。如果资产 i 价格被高估（收益率被低估），它的信息比率小于 0。

分母上是所有定价错误的资产的信息比率之和。因此，资产 i 在主动投资组合 A 中的权重，等于其信息比率占所有定价错误的资产的信息比率之和的百分比。

假设分母大于 0，那么，如果资产 i 价格被低估（收益率被高估），它的权重就为正，表示我们应买入该资产；如果资产 i 价格被高估（收益率被低估），它的权重就为负，表示我们应卖空该资产。

如果资产价格被低估就买入，如果资产价格被高估就卖空。我们就是通过这种方法构造主动投资组合 A，主动投资组合 A 中包含所有被错误定价的资产。

一般来说，主动投资组合 A 应位于 CML 线上方，因为它定价不合理，即存在超额收益率。A 点距离 CML 越远，表明定价越不合理。

第四步：构造被动投资组合 M 与主动投资组合 A 的组合，它应该是过 M 点与 A 点的一条曲线。再从无风险收益率作该曲线的切线，暂将切线称为 CAL，将切点记为 P。因此，我们就应该购买 CAL 线上的资产组合（见图 7－1）。

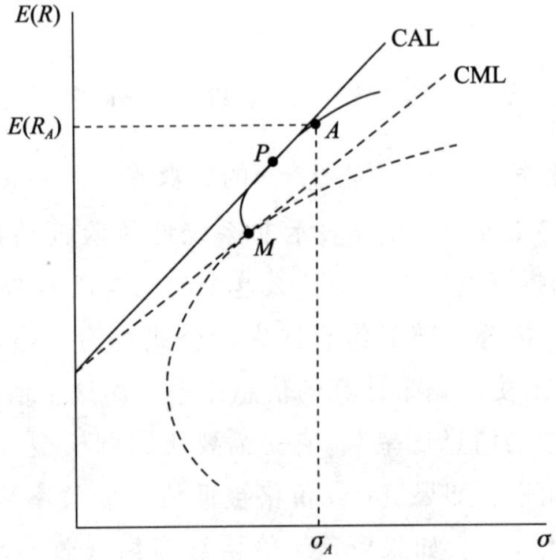

图 7－1　Treynor－Black 模型

现在，CAL 线相当于是一条新的 CML 线，它比 CML 线更加有效。投资者应把自己的无差异曲线与 CAL 相切，即得到最优组合。

根据 Treynor－Black 模型，投资者都应投资于 CAL 线上的资产组合。CAL 线上的资产组合是无风险资产与组合 P 的组合，而组合 P 又是被动投资组合 M 与主动投资组合 A 的组合。因此，投资者都应投资无风险资产、被动投资组合 M 和主动投资组合 A，即投资者仍然是完全分散化投资。

有一个关于 Treynor－Black 模型的常见问题，就是既然组合 A 这么好，为什么不把所有的钱（或者大部分钱）都投资在 A 上呢？原因是组合 A 仅仅包含几个被错误定价的资产，它远远没有分散化。尽管它的收益率很高，但是它含有很多非系统性风险。总而言之，主动投资组合 A 并没有 CAL 线有效，因为它位于 CAL 线的下方。

【全真模拟】Welch is interested in how. Which of the following best describes the advantages of the Treynor – Black model which combines active and passive portfolios in an attempt to earn incremental returns?

A. If securities with negative alphas can be identified, these securities will allow the investor to move further down the capital market line.

B. Active and passive portfolios are best optimized when the returns of the active portfolio are perfectly positively correlated with the returns of the passive portfolio.

C. If securities with a positive alpha can be identified, the active portfolio comprised of these securities can be combined with the market portfolio to create a portfolio with superior risk – adjusted returns.

【名师详解】如果能够发现 alpha 为负的资产，我们可以卖空该资产，取得超额收益率，最终资产组合将位于 CML 的上方，而不是下方。因此选项 A 错误。

如果主动投资组合的收益率与被动投资组合的收益率完全正相关，那么意味着分散化的效用最低。因此选项 B 错误。

如果能够发现 alpha 为正的资产，我们可以买入该资产，与市场组合做组合，取得超额收益率。因此选项 C 正确。

【答案】C

预测精确性及对输入参数的调整

在使用 Treynor – Black 模型时，需要估计每一个资产的詹森 α，这涉及分析师预测的精确性。我们前面一直都假设预测是正确的，但是很显然，分析师的预测有时候会出现错误，因此我们需要调整估计的詹森 α。

调整估计的詹森 α 的方法是往0调整，即对分析师的预测打一个折扣。也就是说，如果分析师的预测很不靠谱，我们宁可相信该资产定价是合理的。

如果一个分析师的预测通常比较靠谱，那么我们就少打折扣，即少往0调整一些。比如他预测某资产的詹森 α 为10%，我们把它乘以0.8，即认为詹森 α 为8%。如果一个分析师的预测通常都不太靠谱，那么我们就多打折扣，即多往0调整一些。比如他预测某资产的詹森 α 为10%，我们把它乘以0.3，即认为詹森 α 为3%。

那么，如何度量一个分析师的预测靠谱不靠谱，也就是如何选取系数0.8或0.3呢？我们可以把该分析师过去预测的詹森 α 与事后证明的实际詹森 α 做一元线性回归，回归所得决定系数（R^2）即为解释的百分比。如果预测得靠谱，那么决定系数就会大；如果预测得不靠谱，那么决定系数就会小。因此，决定系数可以用来度量分析师的预测靠谱不靠谱。值得注意的是，这是一个一元线性回归，我们可以直接计算这两个变量的样本相关系数 r 并将之平方，就等于决定系数，即：$R^2 = r^2$。

有了每个分析师的决定系数之后，下次该分析师再做詹森 α 的预测，我们就把其预测的詹森 α 乘以其决定系数，即为调整以后的詹森 α。调整了詹森 α，就改变了定价错误的资产在主动投资组合 A 中的权重。

本章重要考点

考点一：了解信息比率的含义。

考点二：掌握 Treynor－Black 模型的4个步骤。

考点三：了解用决定系数（R^2）调整预测的 alpha 的方法。

第八章　组合管理步骤和投资政策陈述

组合管理的步骤

投资组合管理的步骤大致如下：

1. 分析师首先要评估投资者个人的情况，据此为投资者制定投资政策陈述（IPS）。投资政策陈述相当于投资的宪法，它规定了我们应该怎么投资。

2. 有了投资政策陈述以后，我们要结合客观的资本市场状况，为投资者做资产配置（asset allocation），也就是决定每一种资产在组合中的权重。

3. 对于投资的效果要度量，并做绩效评估，判断投资是否符合投资政策陈述中所确定的投资目标。

4. 投资者个人的情况会发生变化，资本市场状况也会发生变化，我们要监控这些变化，及时调整投资政策陈述或资产配置战略。

投资政策陈述概述

CFA 二级主要关心的是个人投资者的投资政策陈述，也就是要根据投资者个人的情况，为投资者制定投资政策陈述。投资政策陈述（investment policy statement，简称 IPS）相当于投资的宪法，它规定了我们应该怎么投资。投资政策陈述是根据投资者的个人情况制定的，各个投资者的个人情况不同，因此投资政策陈述需要量身定制。

投资政策陈述相当于投资者的无差异曲线，我们要将投资政策陈述结合客观的资本市场状况（相当于 CML 线），就可以确定投资者的资产配置（asset allocation），也就是决定每一种资产在组合中的权重。

投资政策陈述的主要内容

投资政策陈述主要包括投资目标和投资限制两大块内容。

投资目标

投资目标（investment objectives）包括风险目标和收益率目标两个部分。

风险目标

风险目标（risk objectives）决定了收益率目标的上限。风险目标的描述方法可以是绝对的，也可以是相对的。

绝对风险目标（absolute risk objectives）的描述方法有多种：

1. 用标准差表述。例如，年收益率的标准差不可大于 10%。

2. 用损失的绝对限制表述。例如，未来 2 年内任何时候的损失都不可大于 5%。

3. 用损失的概率表述。例如，未来 2 年内损失大于 5% 的概率要小于 10%。

相对风险目标（relative risk objectives）是与某个基准（benchmark）相对比的风险目标，描述方法包括：

1. 用循迹误差表述。例如，未来 2 年内的月收益率与当月标准普尔 500 指数收益率的差异的标准差不可大于 2%。

2. 用损失的绝对限制表述。例如，未来 2 年内任何时候的收益率都不可低于无风险收益率。

3. 用损失的概率表述。例如，未来 2 年内收益率比标准普尔 500 指数收益率低 2% 以上的概率要小于 10%。

以上风险目标都是客观的标准，即用数字来度量的标准，而风险承受度（risk tolerance）是主观的标准，即分为高中低三档。个人投资者的风险承受度由承担风险的意愿和承担风险的能力两个因素决定。

承担风险的意愿（willingness to take risk）是投资者的主观愿望，受投资者心理状况的影响。在 CFA 考题中，分析师通常会问客户两个问题，以确定客户承担风险的意愿。两个问题分别是：

1. 你的业余爱好是什么？如果客户的业余爱好是高风险的项目，如登山、攀岩、滑雪、滑冰、赛车、赛艇等，那么其承担风险的意愿为高于平均（above average）。如果客户的业余爱好是低风险的项目，如看书、养花等，那么其承担风险的意愿为低于平均（below average）。

2. 你以前都是怎么投资的？如果客户的资产主要投资于高风险高收益的产品，如期货、小盘股等，那么其承担风险的意愿为高于平均。如果客户的资产主要投资于低风险低收益的产品，如银行存款、国债、货币市场基金（money market fund）、房地产等，那么其承担风险的意愿为低于平均。

如果这两个问题的答案互相矛盾，则以第一个问题为准，即以业余爱好为准。

在有些例题中，客户会直接描述自己承担风险的意愿是高于平均或低于平均，这是不算数的，仍然必须从上面两个问题的答案来判断。

承担风险的能力（ability to take risk）是由投资者的客观因素决定的，这些因素主要包括：

1. 年龄：一般来说，年龄越小，承担风险的能力越强。

2. 家庭净收入：净收入就是收入减去支出。一般来说，如果净收入为正（收入大于支出），客户承担风险的能力往往高于平均；反之则往往低于平均。

3. 家庭净资产：净资产就是总资产减去总负债。一般来说，净资产越多，承担风险的能力越强。

4. 是否有养老金和商业保险：一般来说，如果有养老金或商业保险，足以支付客户退休以后的花费，则客户承担风险的能力往往高于平均；反之则往往低于平均。

在考试时，考生需要分别判断承担风险的意愿和承担风险的能力，再将两者综合起来，即为个人投资者的风险承受度。如果承担风险的意愿和承担风险的能力都为高于平均（低于平均），则风险承受度也为高于平均（低于平均）。如果承担风险的意愿和承担风险的能力不一致，那么一般来说，风险承受度应与承担风险的能力相一致，由于这样就违背了客户的意愿，因此需要与客户沟通。

收益率目标

与风险目标类似，收益率目标（return objectives）的描述方法也可以是绝对和相对的。

绝对收益率目标（absolute return objectives）的描述方法有多种：

1. 用名义收益率表述。例如，年总收益率不低于8%。

2. 用实际收益率表述。例如，年总收益率至少比通货膨胀率高2%。

相对收益率目标（relative return objectives）是与某个基准相对比的收益率目标，例如：年总收益率至少比标准普尔500指数收益率高3%。

此外，还应区分税前收益率和税后收益率。一般投资者关心的都是税后收益率。

个人投资者投资的目的大约可以分为两类：

1. 资本增值（capital appreciation）：是指投资收益率应大于通胀率，以提高现有的购买力水平。一般通过获取资本利得（capital gain）来使资本增值。

2. 当前收入（current income）：是指投资的目的是为了获得当前的现金收入，以满足现有的支出需求（例如，生活费、住房按揭贷款等）。一般通过债券利息和股票分红等来获取当前收入。

我们在为客户投资时，应将以上两个投资目的综合起来，称为总回报率（total return）。从总回报率的角度看问题，要求我们在投资时应在资本利得和当前收入之间做出权衡。

在考试中，考生还应区分投资者必要的收益率和想要的收益率。

必要的收益率（required return）是指要维持客户的生活水平所必须获得的收益率水平。客户生活的必需品支出、家人的教育支出等都属于必要的收益率。

想要的收益率（stated return desire，desired return）是客户希望获得的收益率水平，它要高于必要的收益率。奢侈品支出等都属于想要的收益率。在有些例题中，客户会直接描述自己想要的收益率。

一般来说，必要的收益率必须满足，想要的收益率（在风险目标允许的情况下）尽量满足。

无论在何种情况下，IPS的收益率目标都必须同风险目标相一致。

【全真模拟】Compared to investors with long investment time horizons, investors with short investment time horizons most likely require:

A. less liquidity and less emphasis on capital appreciation

B. more liquidity and less emphasis on capital appreciation

C. less liquidity and greater emphasis on capital appreciation

【名师详解】投资期限越短，对流动性的要求越高，即对当前收入的要求高。我们在投资时应在资本增值和当前收入之间做出权衡。那么，既然对当前收入的要求高，则对资本增值的要求就要适当降低。

【答案】B

投资限制

投资限制（investment constraints）包括以下5个方面：

1. 流动性（liquidity）：是指资产能够按照市价迅速变现的需要。如果投资者短期内有大量现金支出的需求（例如，住房首付款、装修等），或者定期有现金支出的需求（如每月归还按揭贷款给银行），则投资的流动性要求为显著的（significant）。分析师就需要为客户多投资于流动性好的资产，如国债等，而不能把大量的资金投入对冲基金、私募股权基金等流动性差的资产。

2. 时间期限（time horizon）：是指投资期限的长短。一般来说，5年以下为短期，5~10年为中期，10年以上为长期。如考题中没有特别说明投资期限，那么个人投资者的投资期限一般为长期。投资期限越长，风险承受度就越大，需要的流动性也越小。此外，个人投资者的投资期限一般分为几个阶段（multi-stage）。例如，退休前和退休后通常要分为两个阶段。如果考题中明确提到有遗产赠与，则死后也成为一个独立的阶段。

3. 税收（tax concerns）：投资者关心的收益率是税后收益率。一般来说，个人投资者总要缴纳个人所得税，因此其税收限制总为显著的。有些机构投资者是免税的（例如：养老金、捐赠基金等），那么其税收限制为非显著的（insignificant）。

4. 法律和监管因素（legal and regulatory factors）：法律和监管主要是针对机构投资者而言的，与个人投资者关系不大。例如，美国的养老金要受"雇员退休收入保障法（ERISA）"约束，中国的保险公司要受保监会监管。

5. 特殊需求和偏好（unique circumstances）：是指对于投资策略的特别的限制。凡不能归于以上4点的，都归于这一条。例如，投资者要求不能投资于烟草行业，不能投资于军工企业，不能投资于环境污染严重的企业等。又例如，投资者持有的5万股IBM股票20年内不允许出售，因为这是其父亲的遗产。

投资政策陈述总结

对投资政策陈述的主要内容总结如下（见图8-1）：

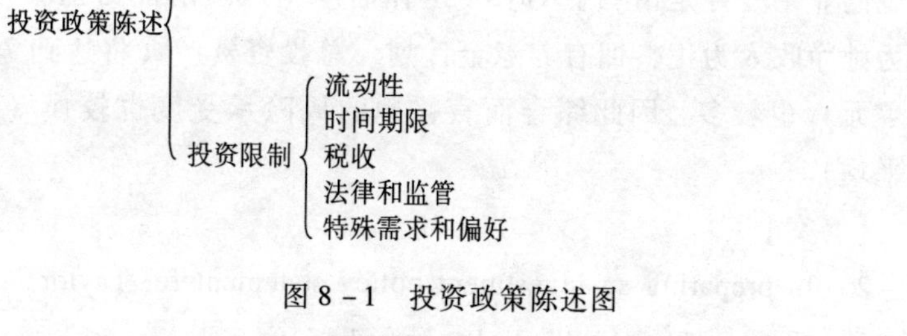

图8-1　投资政策陈述图

【全真模拟】Jessica Taylor, 58, is the managing director of ABC bank. Taylor plans to retire in seven years, to travel and spend time with her grandchildren. She is now in excellent health, although her husband died several years ago. Taylor's only significant asset is her employer's 401（k）retirement plan. Her salary is more than adequate to cover her living expenses until she retires, but she does not anticipate that she will accumulate any additional savings beyond her retirement account. The balance in her account currently is \$5.2 million, but Taylor estimates that by the time she retires the account will have grown to \$7.5 million. She expects that her pretax living expenses, including a liberal travel budget, will be \$150, 000 per year, beginning when she retires. Her hobby is skiing in Switzerland and she is willing to take risk to achieve her financial goals. Her retirement account is currently invested 80% in stocks and 20% in bonds. Foster estimates her post – retirement income tax rate to be 30%, which is about the same as her current tax rate.

1）In preparing an investment policy statement for Taylor, which of the following best describes her post – retirement risk tolerance?

A. Resolution needed

B. Below average

C. Above average

【名师详解】个人投资者的风险承受度由承担风险的意愿和承担风险的能力两个因素决定。Taylor 承担风险的意愿较强，因为她的业余爱好是滑雪。Taylor 退休后承担风险的能力也较强，因为她净收入为正，拥有养老金计划，总投资资产（将达到 750 万美元）也较多。因此综合而言，她的风险承受度也较强（高于平均）。

【答案】C

2）In preparing an investment policy statement for Taylor, her time horizon would most likely be described as:

A. short – term and single stage

B. long – term and multi – stage

C. long – term and single stage

【名师详解】此题是一道送分题，因为对个人投资者来说，除非特别说明，投资期限一般都为长期，投资期限一般都分为几个阶段（例如，退休前和退休后通常要分为两个阶段）。

【答案】B

3）Taylor's tax and liquidity constraints can be best characterized as：

	Tax constraint	Liquidity constraint
A.	Significant	Significant
B.	Significant	Insignificant
C.	Insignificant	Insignificant

【名师详解】因题中提到她的个人所得税税率为30%，则投资的税收限制为显著的。题中并未提到她近期或定期有支出需求，因此投资的流动性要求为非显著的。

【答案】B

战略资产配置

如前所述，投资政策陈述相当于投资者的无差异曲线，我们要将投资政策陈述结合客观的资本市场状况（相当于CML线），就可以确定投资者的战略资产配置（strategic asset allocation），也就是决定每一种资产类别在组合中的权重。

战略资产配置的方法主要分为3种：

1. 被动（passive）投资策略：即资产配置长期稳定，一般只有投资目标变化才相应变化。模拟指数型投资和买入持有型投资都属于这一类。

2. 主动（active）投资策略：即资产配置有更多变化。主动投资策略需要给资产定价，以期利用价格与价值的不一致而获利。alpha投资和根据特别的投资方式投资都属于这一类。

3. 半主动（semi - active，risk - controlled active，enhanced index strategies）投资策略：是结合被动和主动投资的投资策略。例如，在模拟某一指数的同时改变成份股的权重。

要掌握客观资本市场状况，就需要收集市场数据，以计算各类资产的期望收益率、收益率标准差、收益率相关系数。这样，就能通过计算机画出有效前沿或资本市场线（CML）。最后，才能结合投资政策陈述，作出战略资产配置。

组合管理的道德要求

CFA 成员作为投资专家，既要满足能力标准，也要满足道德标准。客户出于信任而把资产全权委托给你，因此你必须遵守极高标准的道德伦理。具体的道德标准请参阅职业伦理部分。

本章重要考点

考点一：掌握投资政策陈述的主要内容：投资目标和投资限制。

考点二：了解战略资产配置的概念及其与投资政策陈述的关系。

第三部分
CFA 职业伦理

第九章　职业伦理概述

有一种谣传说，如果 CFA 职业伦理的正确率在 50% 以下，就不可能通过考试。在我多年的教学经历中，我看到了许多考生职业伦理的正确率在 50% 以下，但仍然通过了考试。尽管我反对过分强调职业伦理的重要性，但我依然建议考生在职业伦理这个部分多下功夫，因为从一级到三级都要考这同样的内容。

还有相当一部分考生认为自己是一个很有道德的人，可以理所当然的做对 CFA 职业伦理的题目，根本无需学习这一部分。不幸的是，CFA 职业伦理考题的目标不是要辨别你是好人还是坏人，如果你不学习这一部分，那么恐怕你很可能正确率在 50% 以下。

CFA 职业伦理分为道德规范和职业行为准则两大部分。道德规范共有 6 条，是我们行事必须遵循的基本原则。职业行为准则共有 7 条，是根据道德规范的基本原则所制定出来的具体的行为规范，它详细的规定了我们应该怎么做，不应该怎么做。

3 种人必须遵守 CFA 协会职业伦理：

1. CFA 会员（member）：缴费成为 CFA 会员的人。

2. CFA 考生（candidate）：已报名参加下一期 CFA 考试，得到 CFA 协会书面通知接受报名的人。

3. CFA 持证人（Charterholder）：拥有 CFA 特许状的人。

如果以上人士违规，将会受到 CFA 协会的纪律制裁。制裁措施包括取消 CFA 会员资格、考生资格和 CFA 名衔的使用。CFA 协会董事局的纪律检查委员会（The Disciplinary Review Committee of the CFA institute Board of Governors）掌管专业操守对职业伦理准则的有效执行全权负责。

另外，在一级和三级考试中，职业伦理部分的考题还包括全球投资业绩标准（GIPS），这是 CFA 协会制定的一系列关于投资业绩披露的准则。

后文将叙述 CFA 职业伦理的一些考试要点。我强烈建议每一位 CFA 考生购买 CFA 协会 2010 年出版的第十版“Standards of Practice Handbook”以及“Ethics Cases”，并充分理解上面的每一道例题。

第十章 道德规范

道德规范概述

CFA 道德规范（code of ethics）共有 6 条，是会员和考生行事必须遵循的基本原则。由于道德规范太过于抽象，它很难出题。

道德规范正文

CFA 会员（包括 CFA 持证人）和 CFA 考生必须：

1. 坚持诚信、称职、勤奋、尊重的行为原则，以符合职业道德的方式对待投资专业领域的公众、客户、潜在客户、雇主、雇员、同事以及其他全球资本市场的参与者。

2. 将投资专业的诚信和客户的利益置于个人利益之上。

3. 进行投资分析、提供投资建议、采取投资行动和参与其他专业活动时，应保持合理的谨慎，做出独立的专业判断。

4. 履行并鼓励其他人履行职业道德规范，彰显其自身和行业的信誉。

5. 促进资本市场诚信，支持资本市场管理规范。

6. 保持和加强自身专业能力以及努力保持和加强其他投资专业同仁的能力。

注：以上道德规范正文来自 CFA 协会网站。如果中文版本和英文版本之间有任何出入，以英文版本为准。

道德规范条款分类

CFA 道德规范大体上可以分为三类。

第一类：第 1、2、4、5 条，这四条主要讲的是诚信。

1. 与任何人打交道时都要正直、诚信。

2. 将客户利益置于个人利益之上。也就是党章中所说的，人民利益高于一切。

4. 鼓励其他人也遵循诚信原则。

5. 维护整个资本市场的诚信规范。

第二类：第 3 条，这一条主要讲的是谨慎和独立。

3. 在从事投资职业行为时，遵循谨慎和独立原则。

第三类：第 6 条，这一条主要讲的是专业能力。

6. 保持和提高专业竞争力。

以上三类规范是基本原则，相当于宪法，后面的专业行为准则都是根据这些发展而来的。

第十一章　职业行为准则

职业行为准则概述

CFA 职业行为准则（standards of professional conduct）共有 7 大条，是根据道德规范的基本原则所制定出来的具体的行为规范，它详细的规定了我们应该怎么做，不应该怎么做。

CFA 考试中关于职业行为准则的考题都会给出一个案例，要求考生：

1. 判断是否违反职业行为准则，并指出具体违反了哪一条。

2. 指出应采取怎样的行动，才能符合职业行为准则。

考生并不需要记住每一条准则的编号，但要把每一条准则的名称和其内容对应起来。

职业行为准则正文

I. 职业操守

A. 法律知识　会员和考生必须理解和遵守由政府、监管组织、授权机构或管辖专业活动的专业协会颁布的所有适用法律、法规或规章（包括 CFA 协会道德操守和专业行为规范）。如有冲突，会员和考生必须遵守更为严格的法律、法规或规章。会员和考生不得有意参与或协助违反此类法律、法规或规章，并且必须回避这些违规行为。

B. 独立性和客观性　会员和考生必须坚持合理审慎原则，在专业活动中实现和保持独立性与客观性。会员和考生不得提供、索要或接受任何常理上认为有损个人或其他人独立性与客观性的礼物、好处、补偿或报酬。

C. 曲解　会员和考生不得有意曲解投资分析、建议、行动或其他专业活动。

D. 渎职　会员和考生不得从事涉嫌欺骗、欺诈或舞弊的专业行为，或做出任何与专业声誉、诚信或称职相背离的行为。

II. 资本市场信誉

A. 重大非公开信息　会员和考生获得影响一项投资价值的重大非公开信息时，不得根据此信息行事或促使其他人根据此信息行事。

B. 操纵市场　会员和考生不得从事歪曲价格或人为抬高交易量试图误导市场参与者的行为。

III. 对客户的责任

A. 忠诚、审慎和谨慎　会员和考生有忠于客户的责任，必须保持合理的谨慎，做出审慎的判断。会员和考生必须依客户利益行事，将客户利益置于雇主或个人利益之上。

B. 公平对待　会员和考生必须公正客观地对待所有客户，提供投资分析、提供投资建议、采取投资行动或从事其他专业活动。

C. 适当性

1. 为客户提供咨询服务时，会员和考生必须：

a. 在做出投资建议或采取投资行动之前，适当地询问客户或潜在客户的投资经历、风险与利润目标、财务约束条件，并且必须定期地重新评估和更新此信息。

b. 在做出投资建议或采取投资行动之前，确定此项投资适合客户的财务状况，符合客户的书面目标、要求和约束条件。

c. 根据客户的投资组合，判断投资的适当性。

2. 当会员和考生负责管理投资组合，使其符合特定的要求、战略或风格时，他们提供的投资建议或采取的投资行动必须与规定的投资组合目标和约束条件保持一致。

D. 表现介绍　当沟通投资表现信息时，会员或考生必须做出应有的努力，确保该信息的合理、正确和完整。

E. 保密　会员和考生必须保守以前、当前和潜在客户的机密信息，除非：

1. 该信息涉及客户或潜在客户的违法活动。

2. 法律要求披露。

3. 客户或潜在客户允许披露此信息。

IV. 对雇主的责任

A. 忠诚　在雇佣方面，会员和考生必须依雇主利益行事，不得剥夺雇主占有其技能的权利，不得泄漏机密信息，不得从事其他损害雇主利益的行为。

B. 其他报酬安排　会员和考生不得接受礼物、好处、补偿或报酬，导致与雇主利益相竞争，或常理上认为会与雇主发生利益冲突，除非得到所有相关方的书面许可。

C. 作为上司的责任　会员和考生必须做出应有的努力，发觉和防止受其监管或管理的人员从事违反适用法律、法规、规章以及操守和准则。

V. 投资分析、建议和行动

A. 尽职和合理原则　会员和考生必须：

1. 进行投资分析、提供投资建议、采取投资行动时，保持尽职、独立和精确。

2. 任何投资分析、建议或行动都具有合理充分的依据，有适当的研究和调查支撑。

B. 与客户和潜在客户沟通　会员和考生必须：

1. 向客户和潜在客户披露用于分析投资、选择证券、构建投资组合的投资过程的基本格式和一般原则，并且必须及时披露可能对这些过程产生重大影响的变动事项。

2. 应用合理的判断识别影响投资分析、建议或行动的重要因素，包括与客户和潜在客户沟通的那些因素。

3. 区分投资分析和建议演示中的事实和观点。

C. 保留记录　会员和考生必须记载和保留适当的记录，以支持投资分析、建议、行动以及与客户和潜在客户沟通的投资相关事项。

VI. 利益冲突

A. 冲突披露　会员和考生必须全面合理地披露常理上认为会损害其独立性和客观性或妨碍其对客户、潜在客户和雇主履行责任的所有事项。会员和考生必须确保此披露的重要性，以简单的语言传达，并有效地沟通相关信息。

B. 交易优先权　客户和雇主的投资交易必须优先于会员或考生是受益人的投资交易。

C. 介绍费　会员和考生必须向其雇主、客户和潜在客户适当地披露因产品建议或服务而收到其他人、或者支付给其他人的补偿、报酬或好处。

VII. CFA 会员或 CFA 考生的责任

A. CFA 会员和考生的行为　会员和考生不得从事任何危害 CFA 协会、CFA 特许状声誉和诚信的行为，也不得从事危害 CFA 考试诚信、有效性和安全性的行为。

B. 关于 CFA 协会、CFA 名衔和 CFA 课程　当提及 CFA

协会、CFA 会员资格、CFA 名衔或 CFA 考生资格时，会员和考生不得曲解或夸大 CFA 协会、持有 CFA 特许状或 CFA 考生资格的意义或含意。

注：以上职业行为准则正文来自 CFA 协会网站。如果中文版本和英文版本之间有任何出入，以英文版本为准。

职业行为准则条款分类

CFA 职业行为准则大体上可以分为三类。

第一类：第 1、7 条，这两条主要是个人行为准则。

1. 做一个有道德的职业人士。

7. 与 CFA 头衔或 CFA 考试有关的责任。

第二类：第 3、4 条，这两条主要是对客户和雇主的责任。

3. 对客户的责任。

4. 对雇主的责任。

第三类：第 2、5、6 条，这三条主要是投资中的行为准则。

2. 不得内幕交易和操纵资本市场。

5. 投资职业行为的原则和步骤。

6. 避免利益冲突，如何解决利益冲突。

职业行为准则详解

I. 职业操守（professionalism）

职业操守是教育我们要做一个有道德的职业人士，它包括 4 条内容：

I(A). 法律知识（knowledge of the law）

会员和考生（以下简称成员）必须知法守法不违法。

成员必须遵守所在国的法律与CFA职业行为准则。如果法律与CFA职业行为准则有冲突，成员必须遵守法律与CFA职业行为准则中规定较严的那个。

如果已知其他人（同事）的行为违法，则应该向上司或公司合规部汇报，并可以提醒违法的人（也可以不提醒）。如违法行为继续，则自身应脱身于（不参与）违法行为，并记录下这些行为。极端情况下（例如，无法脱身于违法行为）甚至可以辞职。

如果怀疑其他人（同事）的行为违法，则应该咨询专家，寻求一个独立的法律意见。但成员不能完全依赖这些咨询意见，如果专家的意见错误，成员并不能免责。

CFA协会并未要求成员向政府机构举报，除非国家法律规定必须这样做。

如果成员既不汇报也不脱身于违法行为，则被认为属于同流合污。

对于公司来说，推荐的合规流程应该包括：制定、采纳一个行为准则，使所有雇员能够得到对相关法律和法规进行了强调的信息，建立书面的流程来报告任何疑似违反法律、法规和公司政策的行为。

I(B). 独立性和客观性（independence and objectivity）

成员必须有一说一，有二说二。不能提供、索取或接受任何可能损害客观独立性的东西。这是非常重要的一个考点。

要保持客观独立性，成员必须处理好外部和内部的关系。外部的关系主要是指别人给予的礼物，内部关系主要是指各个部门之间必须建立防火墙。

不要让投资过程受到外界的影响。注意区分客户给予的礼物，以及来自第三方的礼物。

客户的礼物是可以接受的，因为成员提供了服务。但是要将礼物披露给雇主。

来自其他第三方实体的礼物，如果金额不大，安排正常（不是特别为成员安排），不是为了影响或回报成员，是可以接受的。如果旨在影响成员投资过程、会给客户利益带来损害，是严格禁止的。

当然，最好能拒绝所有的礼物，只要该礼物有可能被其他人认为会损害客观独立性。比如参与上市公司的商业招待时，成员自己支付食宿旅行费用，尽量不要坐包机，除非没有商业航线。

确保在投行部门和研究部门之间建立防火墙，跨部门的交流要限制，仅限于事实性交流。投行部门和研究部门的员工分开，投行部门的头不能兼任研究部门的头。如必须合作（路演等），则要披露并妥善处理利益冲突。

投行部门不得迫使研究部门的分析师写对投行部门的客户（基金）有利的报告。分析师写上市公司的研究报告时，不得被迫发布有利的报告。分析师不仅要与上市公司高管讨论，还要广泛收集意见。

由发行者支付的研究报告，报酬必须有限，固定费用，而不与内容挂钩（酬劳与研究报告的结论无关）。

限制员工参与 IPO 和私募。将初次公开发行（IPO）的股票分配到自己的私人账户是严格的禁止的。

此外，这一条款还与“VI(A). 冲突披露”条款有联系，请参见后文。

我们再三强调，这一条款非常重要，CFA 协会甚至专门为此出版了“Research Objectivity Standards”一书来详细阐述研究的客观独立性，所有考生都应该掌握其中的内容。

I(C). 曲解（misrepresentation）

不得在明知的情况下作与投资有关的误导性陈述，或者给出错误的印象。主要内容包括：

1. 如果收益率是波动的，不得承诺投资的收益率。
2. 不得承诺我们公司可以提供一切服务，而应该是给客户一个服务项目清单。

3. 如果发现名片上的职称印刷错误，应立即停止并纠正。

4. 不得抄袭。抄袭指在没有指明引用的情况下，利用另一个人的成果（报告、预测、图表和模型）。引用要鸣谢。用第三方报告要披露。但是，使用来自已经被认可的金融或者统计报告服务提供商的信息，不用明确引用或鸣谢。

I（D）. 渎职（misconduct）

CFA 协会禁止任何不诚实行为，包括说谎、作弊、偷盗等任何危害 CFA 声誉的行为。这些行为不一定要与投资行为有关，例如成员用假发票向公司报销费用，也是违反该条款。

CFA 协会禁止任何让人看起来不专业行为。例如，在工作日的中午喝酒，下午上班时仍然醉醺醺的，也是违反该条款。原因是这种行为会使人对其专业能力产生怀疑。饮酒本身并不属于“专业行为”，但是如果饮酒影响了工作，就违反了本条准则。

CFA 协会指明，不应滥用这条准则来处理私人的、政治的或者其他和专业行为伦理无关的纠纷。例如，参与示威游行被逮捕，并不违反该条款，因为这行为并没有对成员的专业名誉、诚信或者专业能力产生消极影响。

II. 资本市场信誉（integrity of capital markets）

资本市场信誉是教育我们不要内幕交易和操纵资本市场，它包括 2 条内容：

II(A). 重大非公开信息（material nonpublic information）

不能用内幕信息交易，也不能促使他人交易。

重大非公开信息就是通常所说的内幕信息。重大非公开信息必须满足重大和非公开两个条件：

1. 重大：能够影响证券价格，或者理性投资者在作投资决策之前想要知道的信息，就是重大信息。两个原则：来源可靠，影响明确。

2. 非公开：未有被广泛散布的信息。例如，上市公司在几十位基金经理参加的会议上公布的信息，属于选择性公开，不能算广泛散布，因此基金经理不能根据此信息交易。

如果获得了重大非公开信息，不能交易，而应尽力促使信息向公众披露，给公众足够的反应时间之后才能交易。

对于重大公开信息和非重大非公开信息，是可以交易的。这就是所谓的马赛克理论（mosaic theory）。

公司应采取相应的流程来防止不当使用重大非公开信息。例如，在公司内部建立防火墙，防止投行部门的内幕信息散布到研究部门。

II(B). 操纵市场（market manipulation）

禁止人为扭曲价格或交易量以误导市场参与者。操纵的方法分两种：

1. 与交易有关：虚假交易，如对敲；
2. 与信息有关：散布虚假信息。

这条准则适用于以欺骗市场为目的的交易。它并不禁止：1. 套利目的的交易；2. 避税目的的交易；3. 期货交易所与做市商签订协议，要求做市商提升交易量，以提高期货产品流动性，期货交易所给予降低佣金的奖励。

III. 对客户的责任（duties to clients）

这一条是成员对客户（个人客户和机构客户）应尽的责任，它包括5条内容，是内容最多的一个条款，这也体现了它的重要性。

III(A). 忠诚、审慎和谨慎（loyalty, prudence, and care）

必须依客户利益行事，将客户利益置于雇主或个人利益之上。

在管理客户资产的时候，要承担信托责任，要按照相关的文件做投资管理，要基于整个投资组合的情形下做投资决定。

代理客户投票的时候，应站在客户利益的角度来投票。例如，养老金的受托人对养老金受益人（雇员）有信托责任，而不是对发起人（雇主）有信托责任。代理投票，要代表雇员的利益。

成员将其客户的交易指定给某个经纪人，经纪人可能会给予佣金返还，称为软美元（soft dollar）。经纪人返还的软美元应向客户披露。软美元只能用来给客户受益，成员自己不能从中谋利。比如，软美元可以用来购买有利于投资的产品或服务（如研究报告）。

这是非常重要的一个条款，CFA 协会甚至专门为此出版了“Soft Dollar Standards”一书来详细阐述软美元，所有考生都应该掌握其中的内容。

III(B). 公平对待（fair dealing）

成员对待所有客户要公平。

这一准则主要是说不能歧视任何客户。但是，公平对待不要求相同对待，公平并不意味着对所有的客户花费相同的时间和精力。例如，给客户发送电子邮件或传真不可能同时发送，总有先后，这并不违反该条款。但如果给某个客户的传真每次都是最后发送，则是歧视客户。

给所有客户发完电子邮件或传真后，给 VIP 客户打电话讨论该信息，是可以的。给客户定等级，如 VIP 客户等，是允许的。对不同客户可以给予不同水平的服务，但是不能够对任何顾客产生消极影响，或者把任何顾客置于不利地位。应该把不同水平的服务披露给客户和潜在客户，任何客户如果愿意支付相应的价格，都可以享受到相应的服务。

III(C). 适当性（suitability）

为客户提供咨询服务时，必须：1. 了解客户；2. 在投资组合的背景下，确认投资建议的适当性。

当负责管理投资组合，提供的投资建议或采取的投资行动必须与规定的投资组合目标和约束相一致。

这一准则与投资组合管理（Portfolio Management）章节中的投资政策陈述（Investment Policy Statement，简称 IPS）内容一

致，可参考相关章节。

为客户做投资，应尽量获得客户的所有信息，如果实在无法获得（客户保密），只能根据有限信息作投资决策。

如果客户要求买不适合的产品，要么拒绝执行该交易，要么获得客户的书面许可。

例如，某投资经理发现一个股票的收益率高，就通过大宗交易买了，并分配给所有客户。机构客户多一些，个人客户少一些。这违反了“III(B). 公平对待”和“III(C). 适当性”。

又例如，听说某客户彩票中奖5000万元，就立即给他买了高风险股票，这违反了“III(C). 适当性”。因为要改变资产配置，首先要跟客户确认，并修改投资政策陈述（IPS）之后才可以。

III（D）. 表现介绍（performance presentation）

向客户陈述投资表现（投资的历史收益率和风险）时，应确保信息的公平、准确和完整。

这一准则特指与投资历史收益率和风险有关的陈述，而“I(C). 曲解”准则泛指所有与投资有关的误述。

不能向客户保证未来可以获得与过去一样的收益率。

应区分事实和估计，对于模拟的收益率应向客户说明。对任何收益率都应说明是否扣除投资管理费，是否税后收益率。对于已经终止的投资组合，不能在历史收益率中剔除。

CFA协会鼓励公司采用全球投资业绩标准（GIPS）来向客户陈述投资表现。

III（E）. 保密（preservation of confidentiality）

成员必须保守以前、当前和潜在客户的机密信息，除非：

1. 该信息涉及客户或潜在客户的违法活动。

2. 法律要求披露。

3. 客户或潜在客户允许披露此信息。

保密信息的来源主要有两个：一是由于帮客户处理业务而得到；二是客户出于特殊的信任关系告诉你。

如果法律要求对信息保密，即使明知客户行为是违法行为，也要为客户保密。例如瑞士的黑钱账户。

CFA 协会特别说明，这条标准并不是为了防止成员与 CFA 协会的专业行为委员会（Professional Conduct Program，简称 PCP）调查的合作。也就是说，如果遇到 CFA 协会调查，法律规定必须保密的信息可以不提供给 CFA 协会，如法律没有规定必须保密，就要提供给 CFA 协会。即使与客户签有保密协议，也要给。因为 CFA 协会声称，CFA 协会是你个人的延伸，给 CFA 协会跟给你自己是一样的。

IV. 对雇主的责任（duties to employers）

这一条是成员对雇主应尽的责任，它包括 3 条内容：

IV(A). 忠诚（loyalty）

成员不能参与任何会给公司造成损失的行为，不能够剥夺公司的利润，不能剥夺雇主利用其技能的权利。

但是，必须把客户的利益置于公司的利益之上，即：客户 > 雇主 > 个人。另外，这一准则并不要求成员把公司利益置于成员家庭和其他个人的利益之上。

在职期间如果要从事与雇主有竞争性的业务（兼职），必须向雇主书面披露所从事兼职工作的性质、期限、薪酬安排。在正式开始兼职工作之前，必须获得雇主的书面同意。

在职期间如果从事非竞争性业务，只要工作时间与上班时间没有冲突，不会影响正常工作，可以不向雇主披露。

如果要离开雇主，在辞职生效之前，成员仍然必须维护雇主的利益。成员不可以带走公司机密信息和客户名单（记住也不行），不能在离开之前就去争取原雇主的现有客户，不能用公司资产为自己服务，不能带走在原公司开发的模型（甚至包括被原公司被否决的报告、想法）。

在辞职生效之前，成员可以在自己的时间内（下班时间）准备设立自己的企业。当雇员离开公司之后，在原公司学到的技能、经验和知识可以继续使用。

离职之后要去争取原雇主的现有客户，必须满足：(1) 客户信息来源于公共渠道，即客户名单不是从原公司带走的；(2) 与原雇主之间没有非竞争协议，即原雇主允许成员离职之后从事竞争对手工作。

此外，管理层收购（MBO）并不违反该条准则。

IV(B). 其他报酬安排（additional compensation arrangements）

成员不得接受礼物、好处、补偿或报酬，导致与雇主利益相竞争，或常理上认为会与雇主发生利益冲突，除非得到所有相关方的书面许可。

对于除雇主给予的报酬之外的任何报酬，应立即向雇主书面报告，报告中需要写明将要提供何种服务及获得何种报酬。得到雇主书面同意之后，才可以接受该报酬。“书面形式”是指任何可以存档的形式，包括电子邮件形式。

请注意此条准则与“I(B). 独立性和客观性”的联系（见表11-1）。

表 11-1

披露	书面同意	违反
是	是	不违反
是	否	IV(B)
否	否	I(B), IV(B)

IV(C). 作为上司的责任（responsibilities of supervisors）

成员必须采取步骤来防止其下属违反法律、法规或CFA道德规范及职业行为准则，并采取合理的努力来发现违反这些法规的行为。

公司应建立完备可行的规章制度，确保制度得到遵守。如制度不完备，成员应提请高级管理者注意，并提出改进建议。如果公司没有制度，或制度非常不完备，成员应书面拒绝担任管理者职务，直到有完备制度。如公司的制度没有得到有效执行，那么员工犯错，管理者亦负有责任。

作为管理者，成员可以授权给他人来实施监督管理，但授权之前应教会他人如何行使监督管理职责。如他人未能尽到监督管理职责，则成员并不能免责。

V. 投资分析、建议和行动（investment analysis，recommendations，and action）

这一条是关于投资职业行为的原则和步骤，它包括3条内容：

V(A). 尽职和合理原则（diligence and reasonable basis）

进行投资分析、提供投资建议、采取投资行动时，保持尽职、独立和精确。任何投资分析、建议或行动都具有合理充分的依据，有适当的研究和调查支撑。

使用第三方的研究报告是可以的，但要判断：报告的假设，严密性，及时性，客观独立性。

这一条准则有一个考试难点，即小组研究（group research）或小组决定。研究报告是整个小组独立做出的客观结论，但成员个人不同意该结论，只要这个研究过程有合理的基础，该成员并不一定必须要求把自己的名字从报告上去掉。具体是否可以在报告上署名请参见表11-2。

表11-2

研究过程	报告结论	署　名
合理	同意	可以
合理	不同意	不署名
		署名，但书面说明你的不同观点
不合理	同意	不可以
不合理	不同意	不可以

V(B). 与客户和潜在客户沟通（communication with clients and prospective clients）

1. 成员要向客户和潜在客户披露投资过程的基本格式和原则，并且及时披露可能对这些过程产生重大影响的变动。这就好比医院的病人有知情权一样，客户也有知情权。例如，原来投资小盘股，现在变成投资大盘股，需要告知客户；小盘股的认定标准由市值低于2亿变成低于3亿，需要告知客户。

2. 成员要应用合理的判断识别影响投资分析、建议或行动的重要因素，包括与客户和潜在客户沟通的那些因素。

3. 成员要区分投资分析和建议演示中的事实和观点，以及模型的局限性。在撰写一个报告时，难免是有主观判断的因素存在。成员必须保存关于研究性质的记录，在客户或者研究报告使用者要求额外信息的时候，要能够提供这些信息。例如，在做一个简短的说明会时，由于时间紧张，可以只说大概情况，但是要告诉听众，如果想要获得详细信息，在哪里可以找到（如可以到公司网站下载）。下载要收费也是允许的，但必须提供一个获得详细信息的渠道。

V(C). 保留记录（record retention）

成员必须保存研究记录，来支持最后的结论或者任何投资行动。这些记录是公司的财产。如法律没有特别规定，CFA协会规定最少保存七年。

根据“IV(A). 忠诚”准则，成员不能带走原公司的模型，但可以使用其知识技能，开发相似的模型。成员要保留开发过程中的所有记录。

VI. 利益冲突（conflicts of interest）

这一条是教育我们要避免利益冲突，以及如何解决利益冲突。它包括3条内容：

VI(A). 冲突披露（disclosure of conflicts）

成员必须避免潜在的和现实的利益冲突，不能避免的要向客户、潜在客户或者雇主披露。

撰写某公司研究报告的成员要披露：在该公司担任董事职务；为该公司做投行服务或公司金融服务；是该公司股票做市商；拥有该公司股票重大份额；拥有该公司期权（agent option）的总量和到期日。披露陈述要清晰，语言要明显、平实。如不披露，就违反了“I(B). 独立性和客观性”和“VI(A). 冲突披露”。

任何的特殊报酬协议、奖金计划、佣金以及其他的激励机制都需要被披露。激励机制不得与客户利益冲突。例如，养老金的投资目标是长远的，激励机制不能是短期激励，否则就会使得养老金经理买高风险股票，这违反了“III(C). 适当性”和“VI(A). 冲突披露”。

又比如，某成员在写研究报告的时候突然继承了一大笔该公司的股票，则有两种处理方法：1. 停止写该研究报告，让其他同事写；2. 继续写该研究报告，但披露拥有该公司股票重大份额。CFA 协会并没要求成员必须把该股票全部卖掉。

VI(B). 交易优先权（priority of transactions)

客户的交易，优先于雇主公司为受益人的交易，优先于成员个人为受益人的交易。成员个人为受益人的交易，不仅包括成员为自己的个人账户所做的交易，还包括自己能获得利益的账户(成员自己是 beneficial owner)，例如，配偶的账户、可以提取分成的账户等等。

有交易机会要先给客户和雇主推介，使他们对推介的机会有足够的反应时间，之后才能为自己的私人账户进行交易。请注意，除了配偶之外，其他家庭成员（如父母）的账户不属于成员个人为受益人的账户。例如，父母是成员的客户，则成员应像对待其他客户账户一样对待父母的账户。不能因为是家庭成员就避嫌，而给予比其他客户低的交易优先级，否则就违反了“III(B). 公平对待”。

参与股票 IPO 和私募应受到限制。成员可以尽量不参与 IPO

和私募，以避免利益冲突。

公司管理者应该建立汇报流程，包括双重的交易确认、披露个人持有（个人是受益人）的证券头寸，以及规范事前批准流程。

VI(C). 介绍费（referral fees）

成员必须向雇主、客户和潜在客户披露其本人因推荐客户而收受或支付他人的报酬。因为只有这样，雇主、客户和潜在客户才能衡量服务的真正成本，以及推荐行为是否是无偏见的。

必须严格区别介绍费和软美元（soft dollar）。介绍费是你为其他人介绍客户获得的报酬，例如你给别人介绍客户 A，客户 A 与你无信托责任关系（A 是别人的客户），你可以拿介绍费，因为你付出了劳动。软美元是你将客户 A 的交易指定给某个经纪人，经纪人给予的佣金返还。你与客户 A 之间有信托责任关系（A 是你的客户），则你不能拿返还的佣金，而必须将返还的佣金花在客户身上。

VII. CFA 会员或 CFA 考生的责任（responsibilities as a CFA institute member or CFA candidate）

这一条是与 CFA 头衔或 CFA 考试有关的责任，它包括 2 条内容：

VII(A). CFA 会员和考生的行为（conduct as members and candidates in the CFA program）

成员不得从事任何危害 CFA 协会、CFA 特许状声誉和诚信的行为，也不得从事危害 CFA 考试诚信、有效性和安全性的行为。

不遵守 CFA 考试规则，透露 CFA 考试真题，不遵守 CFA 项目的规章制度，利用在 CFA 协会的职务便利来为自己谋利，都是违反该条准则。

例如，在 CFA 考试或者任何其他考试中作弊，都是违反“I (D). 渎职”和“VII(A). CFA 会员和考生的行为”。

这条准则是针对 CFA 考试作弊或者违反 CFA 考试其他规则的行为，并不限制成员对 CFA 协会或者考试发表个人意见。

VII(B). 关于 CFA 协会、CFA 名衔和 CFA 课程（reference to CFA institute, the CFA designation, and the CFA program）

当提及 CFA 协会、CFA 会员资格、CFA 名衔或 CFA 考生资格时，成员不得曲解或夸大 CFA 协会、持有 CFA 特许状或 CFA 考生资格的意义或含意。

成员在宣传的时候可以声称自己三级考试都是一次通过，但不能夸大该能力，不能将这种能力与将来的投资结果（例如，高回报，低风险）联系起来。暗指 CFA 特许状持有人可以实现更好的投资表现，或者一次性通过 CFA 考试的人相比没有一次性通过考试的人会更加成功，都是违反该条准则的。

成员必须正确引用 CFA 考试考生资格。没有部分的头衔一说（即不能说我是 CFA Level II），但可以说我通过了 CFA 二级考试。

成员只有每年签署专业行为声明（Professional Conduct Statement），并每年交纳成员年费，才能持有成员资格。因此，成员在通过三级考试之后，如不满足以上两个条件中的任何一个，都不能宣称自己是 CFA 特许状持有人。

CFA 只能做形容词，而不能做名词。Chartered Financial Analyst 或者 CFA 的标志，必须跟在一个特许状持有人名字的后面（例如，Tommy Smith，CFA），或者作为形容词（例如，Tommy Smith is a CFA Charterholder）；但是不能够作为名词（例如，Tommy Smith is a CFA 是错误的用法）。

在印刷品上，CFA 三个字母应与持证人名字的字体一致，即 CFA 三个字母不能字号更大，不能比持证人名字加粗。

不能说预期何时可以获得 CFA 特许状。例如，我预期明年可以获得 CFA 特许状。

CFA 特许状持有人可以将 CFA 标志放在个人信头和名片上，但不能放在公司信头上。

第十二章　全球投资业绩标准

全球投资业绩标准的由来

全球投资业绩标准（global investment performance standards，简称 GIPS®）是 CFA 协会于 1999 年所列出的一系列投资业绩披露上的准则，旨在维持公平与投资业绩的全面披露。其主要精神在于建立一个在投资业绩报告上的统一格式与计算方法，不让投资公司在业绩报告上任意筛选评估指标，扰乱客户视听。

全球投资业绩标准的创立是源于 20 世纪初期各国对金融业绩披露的要求与格式不一，造成国际投资者很难对不同国家的金融公司业绩进行解读与比较。而 CFA 协会为了克服此问题提出该项全球统一标准，投资公司可以自愿遵循 GIPS 标准。

GIPS 的目标：

1. 建立全球认可的、公允的、可比较的投资业绩计算和陈述标准。

2. 投资业绩数据准确一致。

3. 促进公平及全球化的竞争。

4. 推行行业内的自我监管。

投资公司可以聘请独立的第三方来验证公司是否真的遵循了 GIPS，这称为 GIPS 合规检查（verification of compliance）。检查的目的主要是验证：

1. 构建组合群的时候是否遵循 GIPS 规定。

2. 计算和介绍投资业绩的时候是否遵循 GIPS 规定。

GIPS 合规检查是自愿而非强制的。合规检查只对整个企业进行验证，而不是对某个组合群验证。

全球投资业绩标准概述

声称符合 GIPS 标准的公司必须是：（1）投资公司；（2）独立商业实体。

投资公司必须将所有实际付费（actual fee - paying）且全权管理（discretionary）的投资组合归纳入组合群。组合群（composite）是相同投资策略或投资目标的一类投资组合的集合。

关于具体的投资组合是否应归纳入组合群以披露投资业绩，请参见表 12 - 1：

表 12 - 1　是否纳入组合群表

全权管理	实际付费	是否要归纳入组合群
是	是	必须
	否	可以
否	是和否	不可以

公司起始时须提供至少 5 年 GIPS 合规历史。如公司或组合群成立不满 5 年，就从成立之时开始。公司以后必须每年加上其年度绩效表现数据，直至最少有 10 年记录为止。

投资业绩采用特定的计算和陈述方法，例如，历年收益率的平均收益率用几何平均收益率，投资组合及组合群的收益率为市值权重加权的平均收益率。

输入数据的精确性，例如，基准及组合群应当事先而非事后选定。

GIPS 包括规定公司必须遵循的条款和鼓励公司遵循的推荐性条款。声称合规的公司必须遵循所有 GIPS 规定必须遵循的条款，而不能声称只遵循部分条款。推荐性条款将来可能变为规定条款。

如 GIPS 标准与公司所在地法律相冲突，公司应遵循法律规定，并披露该冲突。注意 GIPS 与职业行为准则“I(A). 法律知识”条款的区别：成员应遵守最严格的法律，但业绩披露没有严格不严格之说，只是方法不同。

GIPS 中也包含了房地产和私募股权等资产类别必须采用的补充条款。

全球投资业绩标准条款的分类

GIPS 条款包括 8 个部分：

0. 合规的基础；

1. 数据输入；

2. 计算方法；

3. 组合群构建；

4. 披露；

5. 陈述及呈报；

6. 房地产；

7. 私募股权；

8. 包管费（wrap fee）/单独管理账户（SMA）组合。

上述条款大致可以分为 4 类。

0 条款：包括公司定义、公司政策及程序的记录、如何使用合规声明等。

1 ~3 条款：准备工作要统一，包括数据输入一致性，计算方法统一，组合群如何构建。

4～5条款：4是为5的陈述中所提供内容的进一步描述，如果把5看作会计报表，4相当于会计报表的附注。

6～8条款：6和7是2005年版本新增的条款，8是2010年版本新增的条款。它们是针对房地产、私募股权和单独管理账户等的补充条款。

条款的具体内容请参见CFA协会网站（www. cfainstitute. org）。